靈性的溝通——藏傳佛教佛事活動

何杰峰 著

目次

第一章　藏傳佛教佛事活動的內涵　005
　　第一節　何謂佛教佛事活動　006
　　第二節　藏傳佛教佛事活動的特徵　024

第二章　藏傳佛教佛事活動的主要儀式　036
　　第一節　灌頂　036
　　第二節　辯經　046
　　第三節　火供　061
　　第四節　放生　073
　　第五節　金剛舞　086
　　第六節　開光　098

第三章　藏傳佛教佛事活動的主要節日　110
　　第一節　傳昭大法會　110
　　第二節　酥油花燈節　116
　　第三節　燃燈節　121
　　第四節　雪頓節　126
　　第五節　薩迦寺冬季大黑天法會　132
　　第六節　札什倫布的夏季法會「西莫欽布」　137
　　第七節　沙拉寺金剛橛節　146

第八節 「娘乃」節 150
第九節 亞爾尼節和七月勸法會 154
第十節 那曲酬神節 157
第十一節 其它藏傳佛教佛事活動節日 159

第四章　藏傳佛教佛事活動的價值　171

第一章
藏傳佛教佛事活動的內涵

　　佛事活動是佛教在自身傳播過程中，為便於教理更好表達，信眾更好理解，而對佛教思想進行的一種外在性闡釋行為，它和佛教思想互為肌理，是佛教長久住世的重要保證，也是佛教精髓的重要內容，在整個佛教體系佔有重要地位。藏傳佛教佛事活動和中國漢傳佛教佛事活動一樣，它們都源於對印度佛教佛事儀式的繼承和發揚，但由於藏傳佛教形成於雪域高原這一特殊的地理環境，並結合了藏地原有宗教（主要是苯教，另外還有一些多神崇拜的原始信仰）的一些內容與形式，這使得藏傳佛教佛事活動在具有了我們認為的一般佛事活動的內涵外，又有一些自己獨有的地方化特徵。因此，認識瞭解藏傳佛教佛事活動，有必要在我們通常認為的佛教佛事活動基礎上，進行二次認識，只有這樣，我們才能在佛教佛事活動所具有一般特點的基礎上更好的體認藏傳佛教佛事活動所具有的個性化特徵。

第一節　何謂佛教佛事活動

　　對於「佛事」一詞含義，現當代佛學辭書及著作中對其多有書面論及。如《佛光大辭典》中說「凡發揚佛德之事，稱為佛事。又作立地。據維摩經卷下載，佛陀將一切事均視為佛事，以此表示佛之德性。於禪宗，用以指舉揚佛法之行事，如開眼、安座（安置佛像於堂內）、拈香、上堂、入室、普說、垂示等，均為佛事。後世泛稱於佛前舉行之儀式為佛事，又稱法事、法會，或指超度亡靈之誦經。」丁福保的《佛學大辭典》中說「指凡諸佛之教化，謂之佛事。⋯⋯佛忌、祈禱、追福等之法會謂之佛事，以是為托事而開示佛法之所作故也。」霍姆斯・維奇的《近代中國的佛教制度》中說「指發揚佛陀威德之事，引申為與弘法有關之活動或儀式。⋯⋯禪家以托事開示佛法為佛事，即開眼、安座、拈香、入牌等儀式。⋯⋯及至後世，將凡在佛前讀經、禮拜等儀式，總稱為佛事或法事。此外，專為亡者所作的消災、拜懺等儀式，亦稱為「佛事」，此與「經懺」同義。」《俗語佛源》中說「諸佛教化眾生的作為名佛事。」

拋開上面較為書面的文字，用我們自己的通俗語言來論說，「佛事」就是學佛的事、弘揚佛法的事，也是佛教徒舉行的種種佛教儀式。「佛事活動」則就是指這種佛教儀式的行為。在中國，狹義的佛事活動具體是指在親友死亡時，請出家人所作的法事。這大概與中國自明清代以來，佛教主要是以經懺面貌出現有關。近些年來，隨著對佛教認識的深入及佛教自身的宣傳，更多的人開始認識到，所謂的佛教佛事活動應有更廣的範疇和內涵。它除了包括我們傳統認為的經懺活動，還包含所有利益別人、幫助眾生生起出離輪迴大慈悲心所做的一切善事。用佛教內部的話來說就是，凡以當年佛陀教導的「認識六道輪迴，相信因果報應，平等一切眾生」思想去「持一切淨戒、修一切善法、度一切眾生」的所有行為都可被我們稱之為佛事活動。

　　通常來說，我國佛事活動一般包括：

　　（一）、僧人天天都要做的佛事活動，即日常佛事活動，它主要有早課、晚課和過堂、開示、回向等日常佛事行為；早晚殿——即在朝暮二時，僧眾齊集大殿，按朝暮念誦儀規，進行早晚兩次的宗教儀式。早課是在太陽出山之前，在住持主持下，全寺僧人集中誦經。早課地點沒有定規，一般在佛殿、文殊殿或觀音殿進行。

晚課是在太陽落山前後進行，經文不同於早課，多是阿彌陀經、往生咒、禮佛懺悔文等等。晚課將畢時，同早課一樣，眾僧依序排列，由引磬為前導，繞殿而行，邊行邊誦。

殿內參加日誦的喇嘛。圖為藏傳佛教格魯派一寺院內僧人日常誦經，期間休息的場景。

日誦結束後從殿內出來的喇嘛。在收穫和沉思中完成了半天的修證,也預示著新的聞思即將開始。

　　過堂——即在聞早中兩次開梆時,僧眾齊到齋堂吃飯的宗教行為。通常它包括吃齋前的敲梆活動(主要是敲掛在寺廟走廊上的大木魚和雲板),以及僧人用齋時的禮儀(如住持和尚的筷子擱在碗邊上,表示他要對大眾講話;筷子放平,即不準備講話)。過去,大寺廟因僧眾較多,多用「過堂」形式吃飯。它是中國叢林佛教中特有的儀制,早、午齋兩次過堂被認為一種重要的修行方法,在僧團生活中佔有重要的地位,體現了佛教思想和禮儀的統一。

漢傳佛教寺院的齋堂。圖為浙江一禪宗寺廟的齋堂，溫潤素雅，於平常中透露著威嚴，在細節處展現了中國佛教禪宗生活禪的意趣。

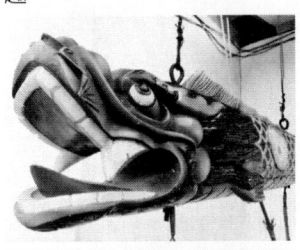

木魚。因是用木料雕刻成的形狀象魚頭的敲擊器，所以佛教將其取名木魚，如今的木魚已形象多樣，圖為似龍頭的木魚，象徵著行為日常的威儀與規範。

過堂用的雲板。由一塊兩端雲頭狀的扁形鐵片構成，懸於木架上，敲擊可發聲，是報事和集眾的信號。圖為常慧法師捐贈金山寺的雲板。

開示——開示這一名詞，出自《法華經》，所謂「開佛知見，示佛知見，使悟佛知見，入佛知見」。後來，禪宗對參學的僧人開導指示，多稱「開示」。在禪宗中，禪堂例行每天早二板香、午二板香、晚養息香、後四支香，由堂頭和尚（住持）和首座、西堂、後堂、堂主依次輪講「開示」，同時新參學者在晚殿以前搭衣持具分別向住持和尚及諸班首頂禮請開示。開示被認為是禪宗中固有的參學制度。

聆聽上師的開示。圖為本世紀初青海省一藏傳佛教寺廟在殿前集中聆聽上師講法的情形。上師的開示展示的佛法的威儀，也傳播了佛法的智慧。

大雁塔。千年大雁塔訴說著玄奘法師譯經後西安城的滄桑變遷，如今這裏已經成為西安市的著名網紅打卡地，每天迎來送往著八方遊客。

回向——即以自己所修的善根功德，回轉給眾生，並使自己趣入菩提涅槃；或以自己所修的善根，為亡者追悼，以期亡者安穩的行為。它是佛教的特有名詞，也是修行的重要法門。一般來說，它有經典分類和教理分類兩種分類認識，經典分類包括回事向理、回因向果、回自向他、回小向大、回少向多、回劣向勝六種，教理分類有回自向他、回事向理、回因向果三種。通常寺院做法會、念誦功課、或作其他佛事，最後都要誦回向偈文。如中國漢傳佛教的淨土宗中，就有以「願以此功

德，普及於一切，我等與眾生，皆共成佛道」作回向文的傳統。

（二）、在特定日期舉行的佛教佛事活動，即節日佛事活動（中國主要節日見下表），它主要包括的是在一些佛教的傳統紀念日舉行的上供、皈依、講經說法、普佛、廟會等佛事行為；上供──每逢農曆每月初一、十五中午要在佛前供飯菜，按齋佛儀規，僧眾齊到大殿前上佛供，並在韋馱、伽藍、祖堂、大寮上四聖供。或逢佛菩薩誕期，分別在各佛菩薩前供飯菜。上供時，首先打板，大眾集合於大殿，禮佛三拜後，維那舉腔唱「爐香贊」或「戒定真香」。若是有齋主打齋，齋主隨方丈拈香、禮佛。接著，誦持十方諸佛法僧名號，表示一心奉請蒞臨道場，接受供養。其次，念誦「變食真言」、「甘露水真言」、「普供養真言」各三遍，通過咒語的力量使上供的物品變成各種美味佳餚，使諸佛、菩薩和諸天鬼神得以受供。此外，還要念誦供養偈，最後，唱「天廚妙供贊」：

香燭供。圖為北京法源寺內做香燭供的情景,燃氣的香燭寄託了人們對美好生活的祝願,也暗示了上供著物質上的富足。

　　皈依——即身心皈向的意思,即皈依佛法僧三寶,按三皈依儀規念誦三皈依文。皈依是佛法修行的入門。一般來說,它是在佛、法、僧三寶面前,由一位具德比丘僧人主持見證,至誠皈依,這樣才被認為是得到了三寶的加持,具備了不可思議的功德和功能。如果隨便皈依,那就被認為對學佛缺乏誠意。

漢傳佛教的皈依儀式。圖為西南地區某寺裡舉行的皈依儀式，眾多信眾的參加顯示了佛教皈依在人們心中的重要地位，也說明了的佛教的興盛。

「講經」與「說法」——講經就是說法，說法就是講經，在意義上他們並沒有多大區別，但由於宗派關係使「講經」與「說法」在具體上又有些不同。一般認為教門多用講經儀式，如中國的天臺宗、華嚴宗的寺院多長年設高座講大部經，從事佛學教理的探討。禪宗因堅持不立文字的禪門家風，反對開座講經，多用說法儀式，他們多逢佛的誕辰、成道紀念日或春節除夕元旦，由客堂在丈室門掛升座牌、住持在兩序大眾雲集法堂時，升座執杖說法。說法是從參禪開發的智慧，而說出自己心中的悟境和見地，侍者記錄成為法語，這是與講經不同之點。

杭州佛學院。作為培養合格僧尼的重要管道，佛學院在當代的中國佛教版圖中佔據別樣的地位，圖為雨後的杭州佛學院，青素淡雅，又顯得寧靜。

民眾等待上師到來的情形。黃色的哈達，期盼的眼神，反映了信眾對上師的尊崇，也體現了信仰的虔誠。

普佛——即全寺僧眾普遍參加念佛。中國佛教叢林逢菩薩誕期，有齊到大殿念普佛的傳統。念普佛有專門佛菩薩對應名號，如釋迦佛誕期，繞佛時即念「南無本師釋迦牟尼佛」；觀音菩薩誕期，繞佛時即念「南無觀世音菩薩」。如信士要求念普佛，則有薦亡與延生之不同，薦亡念「阿彌陀佛」，延生念「消災延壽藥師佛」，另需設回向堂，供奉信士的薦亡或延生牌位。

普佛念經儀式。圖為河北一寺院在特定日子舉辦三時繫念法會為亡者超度的情形。

廟會——即每逢佛菩薩誕期或成道紀念日，許多信士來寺院燒香拜佛，因為人多，而發展成的集市貿易為主要表現的的物資交流集會。

藏傳佛教的法會聽經盛況。圖為甘肅省一地時輪金剛法會期間民眾聽法的情形。民眾熱烈而踴躍，映襯了經文的殊勝和聽法者內心的歡喜。

中國主要佛教節日表

正月	初一彌勒菩薩誕、初六日定光佛誕
二月	初八日釋迦牟尼佛出家、十五日釋迦牟尼佛涅槃、十九日觀世音菩薩誕、廿一日普賢菩薩誕
三月	十六日准提菩薩誕
四月	初四日文殊菩薩誕、初八日釋迦牟尼佛誕、十五日佛吉祥日

五月	十三日伽藍菩薩誕
六月	初三日韋馱菩薩誕、十九日觀世音菩薩成道
七月	十三日大勢至菩薩誕、十五日僧自恣日、廿四日龍樹菩薩誕、三十日地藏菩薩誕
八月	廿二日燃燈佛誕
九月	十九日觀世音菩薩出家、三十日藥師琉璃光如來誕
十月	初五日達摩祖師誕
十一月	十七日阿彌陀佛誕
十二月	初八日釋迦牟尼佛成道、廿九日華嚴菩薩誕

佛誕節。圖為我國內地農曆四月初八佛誕節期間民眾參與浴佛的情形。

（三）、專門為某一目的而舉行的佛事活動，即專門佛事活動。它主要有為「功德主」追薦已故之人而作

的經懺佛事、放焰口、放蒙山等佛事行為，或為了個人修行而進行的如禪七、結緣等佛事行為。

經懺佛事──經懺是在親友或眷屬亡故之後，想要為他們做一點補償、救濟性的佛事，而邀請專業的僧侶、尼師來為亡者做的誦經、禮懺，以此作為薦亡度生的功德。比較主要的經懺有超薦祖先的「梁皇懺」，消災延壽的「藥師懺」，報恩祈福的「地藏懺」，以及「大悲懺」、「淨土懺」等。

藏傳佛教火供。通過燃燒供品的方式供養本尊，以實現個人熄災消難。圖為藏傳佛教法師受邀在一農戶家裏主持火供活動的現場。

中國經懺佛事的開端

　　中國經懺佛事的開端是在南朝梁武帝時。據說梁天監二年，某夜，梁武帝夢一僧人對他說：「六道四生，幽囚者眾，受大苦惱，作「水陸大齋」可使他們得到救濟。」梁武帝醒來就問寶志禪師，寶志禪師對他說：「尋經必有因緣。」梁武帝於是在重雲殿召集十大高僧和自己一起閱覽佛教藏經，經過三年編成《水陸佛事儀軌》。並在金山召集許多僧人，依此儀軌修建水陸大齋勝會七晝夜，並由僧佑宣讀文疏，這成為中國經懺佛事的開端。據說梁武帝的夫人郗氏妒忌側室，動心發口有如毒蛇，三十歲時死亡，墮為巨蟒，托夢給梁武帝，武帝請寶志禪師等，依經律懺罪要義，制懺文十卷，並請眾僧作經懺法會，夫人化為天人，在空中謝梁武帝而去。這一懺法流傳於世，後世稱為《梁皇懺》。

梁武帝蕭衍（464-549）。南朝梁的建立者。字叔達，小字練兒。祖籍江蘇常州，出生在南京。曾任雍州刺史，舉兵攻克建康，平定齊內亂，被封為梁王。齊中興二年取得帝位，他在位期間，對佛教儀軌的規範做了大量了工作，是對我國佛教有重要影響的一位皇帝。

「放焰口」與「放蒙山」——這兩種都是對餓鬼施水施食，救濟饑渴之苦的一種宗教儀式。「放焰口」出自《盂蘭盆經》中目建連「放焰口」解救母厄的故事。自梁代傳入我國，因與我國親孝文化有契合，受到廣大僧俗信眾的重視，而得到廣泛傳播，並由作「瑜伽焰口施食儀軌」傳於後世而得名。蒙山是四川省的一個山名，相傳有一位名叫甘露的外國僧人，他結鬼神緣，常住蒙山，並依照「瑜伽焰口施食儀規」作「蒙山施食儀文」傳世而有其稱謂，它被認為是中國叢林佛教敬神驅鬼活動中念誦的重要宗教儀規之一。

蒙山大佛。蒙山大佛是一尊位於山西省太原市晉源區寺底村西北的摩崖大佛，開鑿於北齊天保年間，原高度大約為46米，1980年被重新發現，先佛頭為重新補修。圖文蒙山大佛全貌及其前面的花供、香供。

地獄。圖為重慶市南山區一寺內營造的閻羅世界,善惡分明,恐怖陰森,對來往的世人訴說著因果不空、深惡終有報的道理。

「佛七」與「禪七」——「佛七」和「禪七」是佛教叢林每年寒冬年底季節,個人加功修行的一種行為,淨土宗門庭稱「打佛七」,禪宗門庭稱「打禪七」。他們平時行坐十二支香,七期要加四支香,為十六支香,目的都是為了要求「克期取證」。「佛七」和「禪七」除了稱謂不同外,在念持名號和追求境界上也有不同。「佛七」要求執持「阿彌陀佛」名號,若一日若二日乃至七日,達到「一心不亂」;「禪七」要求在「息諸妄念、心體明靜」中達到「豁然開悟」。

結緣──結緣二字也出自佛經。佛家講「未成佛果，先結人緣」；又講「佛種從緣起」。如買香花供佛是結佛緣，叢林設齋供眾是結僧緣，施食度生是結鬼神緣。凡行佈施等都被認為是結緣。

第二節　藏傳佛教佛事活動的特徵

藏傳佛教佛事活動除了上述我們認為的佛教佛事活動所具的一般內涵外，更重要的是它還具有著一些自己突顯於普遍性的個性特徵。這些個性特徵具體來說，我們認為包括藏傳佛教佛事活動內容的地方化、藏傳佛教佛事活動形式的密宗化、藏傳佛教佛事活動參與的民眾化以及藏傳佛教佛事活動表現的民俗化這四方面上。

藏傳佛教佛事活動內容上的地方化：主要是指佛教佛事活動自進入到藏地後，與高原的特殊自然環境、與高原地方的固有人民群眾進行的一種融合。它體現在賦予藏地本土山（如梅里雪山、阿尼瑪卿山、岡仁波齊山、尕朵覺沃四大神山為代表的藏地諸神山）、湖（如羊卓雍錯、瑪旁雍錯、納木錯三大聖湖為代表的藏地諸聖湖）以神性的當地僧眾參加的轉山、拜湖等佛事活動中，也體現在藏地不同地區（整個藏區按傳統認為一般

由衛藏、安多、康區三部分組成,而衛藏地區又可分為前藏和後藏)、不同寺院(藏地現存的格魯、噶舉、寧瑪、薩迦、覺囊五大教派都擁著由主寺和屬寺組成的大量寺院群)、不同日期(如正月的傳大召、酥油花燈節、七月的雪頓節、十月的燃燈節等)佛事活動所具有的各自特色上。

梅里雪山。梅里雪山位於雲南德欽縣,平均海拔在6000米以上的有13座山峰,稱為「太子十三峰」,主峰卡瓦格博峰海拔高達6740米,是雲南的第一高峰。圖為夕陽下的梅里雪山緬茨姆峰,巍峨高挑,蔚為壯觀。

岡仁波齊山。岡仁波齊神山岡底斯山的主峰，位於西藏阿裡地區，海拔6714米，是岡底斯山的主峰。岡仁波齊山是世界公認的神山，同時被印度教、藏傳佛教、西藏原生宗教苯教以及古耆那教認定為世界的中心。岡仁波齊峰形似金字塔（藏民稱象「石磨的把手」），四壁非常對稱。由南面望去可見到它著名的標誌：由峰頂垂直而下的巨大冰槽與一橫向岩層構成的佛教萬字格。圖為信眾們在轉山途中遙拜神山岡仁波齊峰的情形。

羊卓雍錯。羊卓雍錯位於西藏山南地區浪卡子縣,湖面海拔4441米,東西長130公里,湖岸線總長250公里,總面積638平方公里,大約是杭州西湖的70倍。湖水均深20-40米,最深處有60米,是喜瑪拉雅山北麓最大的內陸湖。羊湖汊口較多,像珊瑚枝一般,因此它在藏語中又被稱為「珊瑚湖」。

瑪旁雍錯。瑪旁雍錯在西藏阿裡地區普蘭縣城東35公里、崗仁波齊峰之南。其周圍自然風景非常美麗,自古以來佛教信徒和苯教徒都把它看作是聖地「世界中心」,是中國湖水透明度最大的淡水湖,藏發所稱三大「神湖」之一。它也是亞洲四大河流(恆河、印度河、薩特累季河、雅魯藏布江)的發源地。

楚布寺大殿前懸掛的牌匾。楚布寺位於西藏自治區拉薩市堆龍德慶區西北楚布河上游，海拔4300米，距西藏自治區拉薩市西郊約七十公里，由第一世大寶法王杜松虔巴於1189年建立，是噶瑪噶舉派的主寺。圖為十七世噶瑪巴坐床時國家宗教事務局贈送的「莊嚴國土」牌匾。

覺囊寺「通卓欽摩大佛塔」。「通卓欽摩大佛塔」坐落在日喀則拉孜縣歐布瓊山山腰處，由篤補巴·西饒堅贊主持修建，塔高約27米，塔型呈「時輪壇城」，有108個門、108個殿堂。主供佛為喜繞堅贊師徒三尊佛。現塔為1987年修復後的樣子。圖為遠眺覺囊寺塔的情景。

白居寺吉祥多門塔。位於西藏日喀則江孜縣，建成於1436年，塔有九層，高32米多，有108個門、77間佛殿、神龕和經堂。據成書於16世紀的《江孜法王傳》記載，萬佛塔每間佛殿中的主尊及壁畫題材均按密教的續部經典《成就法海》一書中的內容設置繪製而成，因此，每一幅壁畫都是一座密續曼荼羅的詳解。

藏傳佛教佛事活動形式上的密宗化：主要是指由於藏傳佛教繼承的是印度佛教晚期的密宗化佛教，使得藏傳佛教佛事活動展現了諸多神秘象徵意義的密宗化韻意。這主要體現在藏傳佛教佛事儀式儀軌（諸如灌頂、放生、火供、開光等）方面具有了咒語與動作上，也體現在作為藏傳佛教日常佛事活動、節日佛事活動以及專門佛事活動基礎的具有禮敬（包括袈裟、念珠和哈達等）、稱讚（包括鐘、鼓、鈴、鐃、鈸、鑼、海螺、骨號、銅號、銀號、嗩吶等）、供養（包括香爐、燈檯、

幢幡、華蓋、瓔珞、花籠以及供養器盆、盤、缽、杯、碗等）、持驗（包括曼札、金剛杵、金剛鈴、金剛鏃、本巴瓶、法輪等）、護身（包括嘎烏和秘密符印等）和勸導（包括嘛呢輪、轉經桶、嘛呢堆、嘛呢旗等）六大類別的藏傳佛教密宗法器製作與使用上。

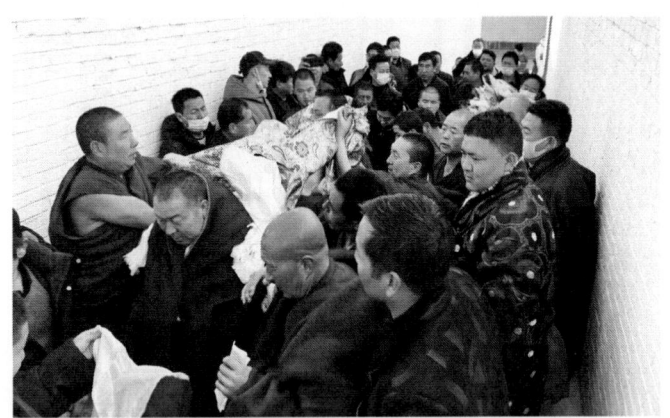
供養上師的哈達。五彩的哈達寄託了人們美好的祝福和敬仰，也成為了藏族民眾表達信仰崇敬的最重要方式。

藏傳佛教用的右旋白海螺。在西藏，右旋白海螺最受尊崇，被視為名聲遠揚三千世界之象徵，也即象徵著達摩回蕩不息的聲音。

勝利幢。被喻為「藏八寶」之一，意為旗子、旗幟或軍旗，最初是古印度戰爭中的戰旗，象徵著在天、地和地下三界的勝利。圖為納唐寺主殿上的勝利幢。

藏傳佛教的法輪。作藏傳佛教常用的一種法器，它象徵勇猛精進，無堅不摧，通常輪上的八條梁象徵八正道，寓意引導眾生達到至善的八條道路。圖為西藏吉隆縣帕巴寺正門上「雙鹿聽經」法輪樣式。

經幡。五彩經幡,寄託了人們無限祝福。圖文若爾蓋草原上經幡飄動的勝景(才項仁增攝)。

轉經筒。轉經筒又稱「嘛呢」經筒、梵林轉經筒、轉經桶等,藏傳佛教認為,持頌真言越多,越表對佛的虔誠,可得脫輪回之苦。因此人們除口誦外,還製作「嘛呢」經筒,把「六字大明咒」經卷裝於經筒內,每轉動一次就相當於念頌經文一次,表示反復念誦著成百倍千倍的「六字大明咒」。圖為拉薩堆龍德慶區直龍寺遺址上信眾修建的水力轉經筒。

藏傳佛教佛教活動參與上的民眾化：是指藏地的佛事活動自開始之初，為吸引更多信眾而主動與民眾結合，因此具有的群體化意識特徵。它主要體現在諸如進行辯經、燃燈、放生等佛事活動時突破傳統的寺院內佛事活動的局限，而成為由藏傳佛教寺院周邊民眾廣泛參與的宗教性互動集會上，也體現在諸如藏戲、金剛舞等宗教行為由最初的傳教、寓教功能轉化為民眾喜聞樂見、並主動參與表演的集體活動中。

辯經。辯經藏語稱「村尼作巴」，意為「法相」，是藏傳佛教喇嘛攻讀顯宗經典的必經方式。圖為沙拉寺內僧人的辯經。

藏傳佛教佛事活動表現的民俗化：是指藏傳佛教佛事活動在藏地悠久的傳播歷程中，在地方化、民眾化不斷深入的過程中，最後在藏地形成了具有一定民間傳統的風俗習慣，及藝術表現的文化盛事。這主要體現具有固定日期的節日上（如藏曆三月十五舉行的時輪金剛節、藏曆的六月十九舉行的燒香節、藏曆十二月二十九舉行的驅鬼節等），以及固定佛事活動程式的內容中（如金剛舞表演的固定程式、辯經的固定程式、開光的固定程式等），也體現在藏傳佛教節日中諸如酥油花、供燈等民間技藝的傳承與發展上。

法會的場面。圖為青海一地上師進入法會場地弟子們跪拜供養的情形。

酥油花。形態逼真的酥油花現已不單是一種宗教內部的供品，而是已成為一件件藝術品被更多的人的關注。

　　這些特徵，即是藏傳佛教佛事活動的內涵，是藏傳佛教內在精神的外展，同時也是藏傳佛教屹立雪域高原而具有生命力的精髓。接下來我們將分別從藏傳佛教佛事活動的儀式和藏傳佛教佛事活動的節日兩方面具體對藏傳佛教佛事活動在內容上的地方化、形式上的密宗化、參與上的民眾化、表現上的民俗化的特徵作以具體的闡釋性展示。

第二章
藏傳佛教佛事活動的主要儀式

　　佛教儀式是表現佛教教理思想、實現眾生世間與彼岸世界溝通的重要方式，它是佛教生命力的體現，也是佛教能夠流傳至今的重要條件。藏傳佛教儀式是藏傳佛教佛事活動的主要內容，通過佛教儀式的展現，藏傳佛教佛事活動顯示了它的神聖性，完成了藏傳佛教佛事活動的藏族化民間進程，同時也促進了藏傳佛教在藏地的發展，這為佛教扎根於雪域高原，實現佛教的地方化轉換起了重要作用。這一章，我們將通過灌頂、辯經、火供、放生、金剛舞和開光五種主要藏傳佛教儀式來對藏傳佛教佛事活動的從內容層次進行論說，以此來呈現藏傳佛教的儀式在藏傳佛教佛事活動中的地位和意義。

第一節　灌頂

　　灌頂，梵文為Abhiṣeka，也可以翻譯為「授權」。灌謂灌持，表示諸佛的護念、慈悲；頂謂頭頂，

藏傳佛教的灌頂儀式。圖為青海一地舉行法會期間，用紅花水盛於海螺中，為信眾灌頂以示消災的隆重場面。

代表佛行的崇高，兩者合一有「驅散」及「注入」的涵義。藏傳佛教的灌頂用我們通俗的理解來說，就是一個力量的授予，它是把一種神力注入受灌頂者的心裡，並永遠停留，發揮效力，以此使特定因產生特定果的助緣。灌頂被認為是藏傳佛教法事活動中最重要、最基本的宗教儀式，它本身也以強烈的密宗色彩而著稱。

灌頂的意義及功德

藏傳佛教認為，佛教信徒的修行，是一個不間斷的傳承，而這個傳承必須來自一位德高望重上師，並且沒

有間斷的修證者傳達給下一代，才能喚醒修行者心中的特別能量，以此讓修證者與上師之間建立起一種溝通，啟發修證者內在的潛能，走上良好的修行道路，從而得到證悟所需的功德，直到圓滿成就，這個重要的傳承接觸就是透過灌頂來實現的。而如果不領受灌頂就去修持，藏傳佛教認為不但上師會不歡喜，自己不會獲得成就，而且還會害人害己，自己也不能得到密宗金剛乘灌義成熟解脫證悟的任何體證。因此，灌頂在藏傳佛教佛事活動的儀式中有著特殊的地位和作用。

一般認為，在藏傳佛教中，灌頂儀式的意義有四種：

（一）、加持：令受灌者得到上師及本尊的加持；

（二）、隨許：授權給弟子觀想自己為本尊、持咒及作本尊手印等之修持；

（三）、授記：令受灌者種下在未來成為本尊、證悟佛境之種子的意思；

（四）、淨化：清淨受灌者之身、語、意罪障。

對於灌頂的價值，藏傳佛教認為灌頂主要具有兩種功德，即具有共同的大悲灌頂功德和不共的智慧明體灌頂功德。共同的大悲灌頂功德包括益灌和力灌兩種。益灌就是使身體健康長壽，福祿增長，具足威德等等；力

灌有三種，即增強聞法能力的聽聞灌頂、增強講法能力的講解灌頂，和增長修證能力的修持灌頂。不共的智慧明體灌頂功德具體是指「現證法爾本體」的智慧。

灌頂前的準備

通常而言，藏傳佛教的灌頂時間多選擇在立秋，或選擇在每月的初八至三十期間。對於具體地點，藏傳佛教內部有「選擇山谷的開口朝東方，山谷形狀如同半月，土地為紅色，天空呈八輻法輪的形狀，地貌如八瓣蓮花的形狀，草木茂盛，鮮花遍開，景色怡人且被大成就者加持過的聖地」的說法，不過，通常情況下，這些條件都完全具備的地方不容易尋找。因此，對於上述灌頂地點的要求只要符合一部分，並被上師認為是幽靜和吉祥的地方，就可進行灌頂。

對於灌頂雙方，一般應由具德的上師來傳授灌頂，而能夠生起妙有勝觀的弟子才有資格能領受這種灌頂。「具德上師」－藏傳佛教認為其主要應具備《上師五十頌》中所說的「十三種德相」和「雙十知識」。「十三種德相」是：一、嚴守戒律；二、具大智慧；三、具足忍德；四、思想誠實；五、無欺詐行為；六、掌握消除邪魔的法術；七、對眾生有慈悲心；八、精通三藏義

理；九、掌握「雙十」知識；十、會塑造繪畫壇城；十一、善於解說密法；十二、對佛法信念堅定；十三、保持五根清淨。「雙十知識」分內、外密知識各十種。「內密知識十種」是：一、善於觀護輪破除邪魔；二、善於製作護身咒輪破除邪魔；三、懂得瓶、密灌頂法；四、懂得慧和第四灌頂法；五、懂得隔離法術；六、懂得祀食運作法；七、掌握誦咒的訣竅；八、掌握加速修持的各種方法；九、掌握安神開光法；十、懂得修供壇城法。「外密知識十條」是：一、精通製作、觀修壇城；二、懂得觀修各種瑜珈；三、懂得各種手勢印；四、懂得各種站立腿勢；五、懂得各種不同坐勢；六、掌握各種誦咒法；七、懂得燒供法；八、懂得各種敬供儀軌；九、懂得作法的訣竅；十、懂得迎送、收消諸法。

　　能夠生起妙有勝觀的弟子，藏傳佛教認為主要應該具備三種信：即嚮往信、清淨信與勝解信。「嚮往信」是指對甚深佛法的嚮往，它被認為可以束縛貪欲；「清淨信」是指所求的佛法為正法，它被認為可以使心生歡喜；「勝解信」是指對佛法產生正確的理解，它被認為可以去除對佛法的參雜疑惑。只有這樣才會毫無悔意、生歡喜心、具足智慧的供養一切的財物給上師，並

始終保持對上師的渴求和希求修證的信心。對此，藏傳佛教中有將具信弟子分為三層次的說法，即「上信者視上師為佛；中信者視上師為菩薩；下信者不應該看上師的任何過失」。具有三信的弟子，藏傳佛教稱之為「法器」，他們可以領受灌頂。當然，傳統上，弟子是不能隨便參加、領受灌頂的（隨許法會、長壽灌頂及某些特別因緣下所舉行的集體大型公開時輪金剛灌頂例外），他們應首先研修顯乘佛法，至一定程度後，再謹慎地選擇合資格的上師，從旁觀察一段時間後（傳統上是三年），才會向法師求請灌頂；而作為法師的，亦會觀察弟子一段時間（也是三年），決定弟子的確有資格接受該灌頂後，才正式舉行灌頂儀式。一旦從某位法師受過灌頂，受者須終生敬其為師長，自視為弟子，即使另從其他法師學法，也絕不能離棄原來的任何一位師父，否則會被認為違反所受密乘戒條，而墮入金剛地獄。

灌頂的基本內容

在藏傳佛教灌頂儀式中，通常具有傳法灌頂資格的法師首先將自己觀想為本尊，手持灌頂壺，端坐在本尊壇城中，而後依次透過用寶瓶的甘露水、咒幔、本尊法相、鈴杵及水晶等具有不同意義的法器，配合修持儀

米拉日巴家鄉遺址。

軌來驅散受灌者的所知障、煩惱障，或身口意的罪業，注入智能之力。同時，將聖水灑於受法者頭頂，從而讓受灌者透過不同的觀想及咒力的加持，覺悟自己心性本質的訣竅，達到內在身口意、氣脈明點的當下淨化，成就佛的身語意三門金剛。而作為灌頂的弟子則要對法師恭敬禮拜三次，然後供養「曼達」（代表整個宇宙的供品）求授灌頂，期間要以甘露水漱口，以此象徵潔淨的身、語、意已接受灌頂。最後，受灌弟子還要再次供養「曼達」以謝灌頂法師，同時，還有師徒雙方共同念誦回向文等儀式。

對於具體的灌頂方式，據藏傳佛教伏藏師娘尼瑪沃色保存流傳下來的《瑪尼嘎部》記載，藏傳佛教的灌頂主要有外灌頂、內灌頂和密灌頂三種。外灌頂是指通過念誦儀軌、繪製壇城、介紹本尊、講解三昧耶戒、為受灌弟子起秘密法名和用寶瓶等法器引導弟子進入壇城進行的灌頂。它是為被灌頂者修習密宗金剛乘，不落入小乘道，在密法中獲得自在而作的灌頂。內灌頂是指通過加持弟子的身、口、意，使它契合佛的身、語、意三密，並由此生起修行三昧而進行的灌頂。它是為被灌頂者消除自身蘊界的不淨，成就佛的身語意而作的灌頂。密灌頂是指金剛上師阿闍黎為弟子直指自心而進行的灌頂。它是為被灌頂者了悟佛性，超出三界輪迴的苦海，獲得自在智慧而作的灌頂。

　　若以內容層次來說，藏傳佛教認為灌頂可分為四級：即寶瓶灌頂、秘密灌頂、智慧灌頂、勝義灌頂。

一、寶瓶灌頂

　　寶瓶灌頂為上師去除弟子的五毒習氣，開顯其本具佛性的一種儀軌和方法。它由上師作金剛大持觀想，迎請五方佛父佛母，持此寶瓶等物為弟子灌頂。以此使受灌弟子能修持無上瑜伽生起次第，取得五方佛加持力，

並具有攝持、調伏眾生能力灌頂。寶瓶灌頂包含五種灌頂，即：寶瓶灌頂、寶冠灌頂、金剛杵灌頂、鈴灌頂和名灌頂。藏傳佛教認為這類灌頂可使修行者得到金剛大持的身金剛成就和化身佛成就，直接授以阿闍黎灌頂，而不必等候四級灌頂圓滿後。

二、秘密灌頂

秘密灌頂是指超過五方佛，以金剛大持的加持力，破除第二層氣脈的障礙及一切魔障，清淨凡夫下劣身見執，從而具足修持無上瑜伽脈、氣、明點甚深內道及大手印道的能力。藏傳佛教認為這類灌頂可以使修行者得到金剛大持語金剛成就及報身佛成就。

三、智慧灌頂

智慧灌頂是以母金剛持的雙運加持力，破除如來藏第三重心氣不合的障礙及煩惱、清淨心的執著，從而具足修無上瑜伽雙運能力及樂空不二大手印道的自在，通達四喜四空的能力。藏傳佛教認為這類灌頂可以使修行者得到金剛大持的意金剛成就及法身佛成就。

龍樹菩薩。龍樹又譯龍猛、龍勝，在印度佛教史上被譽為「第二代釋迦」，大約活躍於西元150年250年之間，他首先開創空性的中觀學說。圖為漢傳佛教經論圖書中繪製的龍樹菩薩形象。

四、勝義灌頂

勝義灌頂是對微細修垢及所知作障等如來藏第四重微細障礙破除，而真顯如獲至寶來藏一切本具功德，現證俱生智光明、極果大樂智慧身佛的灌頂。因這類灌頂可使修行者獲得超越三界輪迴的佛位，藏傳佛教認為它是最高、最後、最精微的灌頂。

灌頂的證悟

受灌頂後，如果受灌者有夢見頭頂出現太陽，或夢見頂輪上有珍珠寶鬘作嚴飾，或夢見寶鬘融入頂輪，或夢見如意佛塔進入頭頂，或夢拾到了鈴杵，或夢見用滿瓶的甘露來沐浴全身，或夢見身穿潔白的衣服等徵兆，就會被認為是得到了灌頂授予的法力，這樣接受灌頂者便可以進入密宗修持階段，並可從此聽聞修習殊勝之金

剛乘了。不過藏傳佛教又認為雖然出現了以上種種得灌的徵兆，但如果沒有供養上師三根本，也是不能獲得真實灌頂。因此，這就要求求灌頂者具足恭敬信心，向上師三根本供養王位、自身、妻兒、財寶、車騎和牲畜等等供品，全心侍奉，毫不吝惜。而最高的層次，藏傳佛教認為就是獲得自然明體（就是對法身能生起殊勝的信解，能了悟菩提心明體光明的自性法身，證悟本體法身，而不再需要人為設置的外在壇城，就能親見一切本尊壇城，而將一切的善惡苦樂全部都消融在不增不減的勝義菩提心之中，並通過灌頂和加持兩者結合起來，在具足加持力的上師指導下，具足恭敬信心的弟子得到的灌頂。在藏傳佛教中，自然明體灌頂被認為是一切灌頂的本源，是最高境界的藏傳佛教灌頂）的境界。

第二節　辯經

辯經就是對佛教理論的辯論，藏語稱「村尼作巴」，意為「法相」。它是出家人學習佛經後，為了加強對佛經的真正理解，按照因明學體系的邏輯推理方式，採用一問一答交流所學心得和所悟佛法一個方式，它被認為是藏傳佛教寺院內部最重要的佛事儀式之一。

辯經的起源與發展

辯經最早源自印度佛教。當時在龍樹、無著、世親、陳那、法稱等佛教大師的積極宣導下，古印度寺院的辯經活動成為僧人展示自己的學識，驗證自己的聞思修境界，從而使僧團對他的佛法水準予以認證，進而獲得佛教學位的重要途徑及學修方法。

西元792年，吐蕃贊普赤松德贊從印度請來蓮花生、寂護等高僧入藏弘法。當時在西藏也有不少漢僧，由於雙方的見地不一，於是在藏王的住持下，展開了

世親菩薩。世親亦譯天親，音譯婆藪盤豆、伐蘇畔度等。北印度犍陀羅人，約生活於西元4世紀。也是瑜伽行唯識學派創始人，為無著菩薩之弟。圖為19世紀藏傳佛教所繪的世親菩薩本生唐卡像。

一場論戰，最後印度僧人取得了勝利（史稱「拉薩論爭」），這被認為是藏傳佛教辯經活動的先河。

十二世紀時，堪布恰巴・確吉僧格主持桑浦寺期間，將噶當派重要經論的學習與因明結合了起來。在學修顯密經論時，恰巴・確吉僧格主張先顯後密，並要求學僧先學習辯論基礎知識，採用辯經的形式，學習因明、中觀、般若、俱舍、戒律方面的五部大論。這種通過一人提出觀點，另一人提問，互相詰難的辯經方式，使學僧方便記憶、加深理解辯論形式，對後弘期藏傳佛教各教派的辯經產生了重大影響。

蓮花生大師。它是印度的密宗大師，第一個將密法帶到了西藏，並協助修建了桑耶寺，對佛教在西藏的初傳貢獻巨大。圖為青海果洛一高速公路旁修建的蓮花生大師像。

五部大論

五部大論，它們是指戒律、俱舍、因明、中觀和般若。每類之下還含有若干具體的教典、戒律。總的來說，包含小乘別解脫戒、大乘菩薩戒和密乘三昧耶戒，藏地盛行的小乘戒為一切有部律，最重要的論著是功德光尊者的《戒律根本論》（另譯名為《律經》），共九卷二千七百頌。俱舍，在藏傳佛教中，有「上下」俱舍之說。「上俱舍」是指無著菩薩的《大乘阿毗達磨集論》；「下俱舍」即世親論師的《阿毗達磨俱舍論》（含頌詞及自釋）。因明主要有《釋量論》、《定量論》、《理滴論》的主論，《因滴論》、《關係論》、《悟他論》、《諍理論》的支分論。中觀主要有「龍樹六論」，即《中觀根本慧論》（簡稱《中論》）、《六十正理論》、《七十空性論》、《回諍論》、《細研磨論》、《名言成立論》，佛護論師的《佛護論》，清辨論師的《般若燈論》和月稱菩薩的《入中論》。般若特指《現觀（證）莊嚴論》。

到了十三世紀，薩迦派執掌西藏地方政權時，桑浦寺由薩迦派管理。薩迦寺照搬了桑浦寺的辯經考試制度，創制了自己的學位制度。在薩迦寺的宗教領袖薩迦‧貢噶堅贊支持下，藏傳佛教寺院的辯經訪學的學風得以初步形成。

薩班‧貢噶堅贊銅鍍金像。薩班‧貢噶堅贊（1182-1251）藏傳佛教薩迦派第四代祖師，原名貝丹唐珠，意為「吉祥義成」。是昆氏家族貝欽活布的長子，因精通五明，故被稱為薩迦「班智達」。圖為遼寧博物館藏明代鑄造的紅銅鍍金薩班‧貢噶堅贊像。

十四世紀時，格魯派創始人宗喀巴大師在對之前藏地辯經理論和學修制度作了進一步的完善，形成了藏傳佛教最嚴謹的辯經考試制度，標誌著藏傳佛教辯經制度的成熟。

圖為西藏拉薩格魯派沙拉寺的辯經場面，聽著和辯著都是辯經的參與者，兩著融為一體，場面甚是壯觀。

辯經的內容與形式

　　藏傳佛教的辯經的經論內容主要根據立宗者的立論而定，但多是以五部大論的內容為主。對於辯經的組成，傳統的「辯經」一般有兩段式的過程，從緩慢的問答到十分激動的激辯。第一階段「立宗者」會坐著背出佛經論典的句子，一般都是最近幾天上課的內容，如果是特殊的法會或活動，還要背出相關傳承的經文句子。這階段算是暖身動作，「提問者」一般會先問幾個題目，測試對方的基本實力。第二階段，「立宗者」就會從剛剛所答的句子裡找問題來進行「反問」，由此開始

進行激辯。

辯經的方法基本上可分成「證明題」與「測驗題」二類。證明題是以二輪推論法來證明一命題：當攻方提出基本命題後，守方在第一輪檢驗小前提，而後在第二輪檢驗大前提，之後將此中的衍生命題再給予檢驗。

對於辯經的立論形式，藏傳佛教各寺院通常也各不相同，不過，主要有對辯和立宗辯兩種形式。對辯，藏語稱「作朗」。辯論者二人，其中一方提問，另一方回答，且不許反問；告一段落後再反過來，直至一人無法問出。

藏傳佛教對宗辯。圖為藏傳佛教沙拉寺喇嘛，在對宗辯中，站著的喇嘛正在聆聽坐著喇嘛回答的情形。

立宗辯，藏語稱「當賈狹」。辯論者無人數限制，立宗者自立一說，待眾人辯駁，立宗者多坐於地上，只可回答不可反問。問難者稱「達賽當堪」，即「試問真意者」，不斷提出問題，有時一人提問，有時數人提問，被提問者無反問機會。立宗辯過程中問難者可高聲怪叫，也可鼓掌助威，舞動念珠、拉袍撩衣、來回踱步，也可用手撫拍對方身體等做各種奚落對方的動作。答辯者則要集中精力，充分展現自己口才和學識，除機智回應外，還得試圖駁倒對方，答辯者如果應對得體的話，即引起圍觀喇嘛的喝采；若詞不達意或義理不通的

藏傳佛教的立宗辯。坐著的喇嘛神情自若，站著喇嘛氣勢如虹的情形。

話，即遭滿堂哄笑。最後，當答者被問倒時，辯者要摘下帽子，直至下次辯倒問方時方能重新佩冠。因為在佛法辯論上，辯者則只可答是、不是或不定三種可能之一，而不能不應答，所以勝負結果是很明顯的。因此，即使對不懂藏語的看客而言，整個辯經過程也不會顯得枯燥。

> 藏傳佛教辯論過程中，留下了一些問難中傳統的動作，這些動作成為了佛法身、語意的重要表達。如在激辯過程中，每次提問前，提問者要先說一個「底」音，而後後退幾步，右手將念珠一甩套到左臂上，然後前跨步，右手高高舉起在坐著的喇嘛頭上或額前用力拍向左手，然後將向下的右手從對方身後拉起等動作，分別就有不同的寓意。那聲「底」音相當於啟請心中的文殊菩薩，開啟智慧。高揚的右手說明文殊智慧就在身後，上揚左手代表提起正見，二手相擊，有三層正意一為一個巴掌拍不響，世間一切都是眾緣合和的產物；二為掌聲代表無常，一切都稍縱即逝；三為清脆的響聲擊醒你心中的慈悲和智慧，趨走你的惡念。右手向下後又拉回則表示希望通過自己內心的善念和智慧，把在苦難中的眾生救出來。

藏傳佛教喇嘛的拍手辯經。圖為西藏拉薩沙拉寺拍手辯經。答辯者步步緊逼，立辯者手足無措的情形。

辯經的層次與原則

　　藏傳佛教寺院的寺院通常都把辯經作為衡量一個學僧或喇嘛學識水準、辯論才能和思路遲鈍敏銳的重要手段，要求以因明學的法則，結合佛教的基本理論進行辯論，作為入門，然後逐步深入，推廣到其餘的幾部論典。並且，根據辯論水準的不同，辯經又被分為不同的層次，有平時在寺院內同班級學僧相互學習的辯論（屬平時練習階段的辯經）、每一學期結束或法會上全寺性的辯論（屬中層次辯經活動）、考取某一種格西學位時的辯經（較高階段的辯經），並且贏得不同層次的辯論

就可獲得不同的學位。當然，並不是每個僧侶都可以參加辯經的。僧侶在寺廟裡接受的佛學教育類似於我們的普通學校，從小學、初中上起一直可以讀到碩士、博士。教徒7歲時出家受戒成為沙彌，然後經過兩年的學習，到十歲時才正式開始學習五部大論，逐次學完十三個班級到出立格西名號時，大約已經二十三歲。年輕喇嘛經過辯經，由「日瓊」（相當於初中）升為「日慶」（高中），獲得「日慶」（佛學學位為中級）學位，再經過數年的學經，將可參加「格西」（佛學博士）考試。凡是獲得「日慶」學位的僧人才有資格參加藏傳佛教最高學位──「格西拉然巴」的考試和辯經活動。辯經是藏傳佛教傳統的佛學升位元方式。

　　藏傳佛教的辯經，通常需具備辯證三方，即立宗者、對辯者和裁判三方的人士。辯論者雙方應具備智慧具足、心機熟練、經籍通曉三要素；辯論時，要堅持主張、見解、戒禁和我論四根本；防治內容、思維和語言三過失。同時，為了防止驕傲自滿、辯論過失，特別規定了辯論時應具有的七種美德：即氣度軒昂、語氣溫雅、語不傷人、道理犀利、不懈不驕、不捨正理以行狡詐愛惡、成就自他兩利鄭重從事等。當然，各寺視自己的實際也相應制定出了考辯細則，要求僧人參照執行。

在具體的辯論中，一般立宗的一方席地而坐，首先就某一論典的內容立一種見地作肯定或否定的表態，另一方的對辯者（可能是一人，或幾個人）站在立論者前面圍繞立論主題時而擊掌，時而揮舞佛珠、僧帽、手拉立論者的袈裟或拍打他的身體來進行發難。之後雙方為維護各自見第的正確性而進行引經據典、有理有據的答辯。答辯時要求兩方言簡意賅，既不能任意發揮，也不能反詰。整個辯經過程中，如果立論者精通經典，且循循善辯，使問難者理盡詞窮，這時觀眾鼓掌稱善，辯論得勝。如果對所立之論不甚通達，或不善言辯，被問得張口結舌，問難者乘一時高興而拍掌高呼，甚至以行動語言過失而作出各種奚落和揶揄的姿態，場外眾僧隨之起哄，使立論者十分難堪。

　　總之，辯經除了考驗學僧所學知識的掌握，對他們的邏輯思維應辯能力也是很大的考驗。只有對佛教詞義爛熟，理解教理的人，才能在辯論中左右逢源、口若懸河，並最終取得辯經的勝利，因此為了在大庭廣眾面前不失面子，學僧在平時學經、辯經時，都會十分刻苦，以期以優異的成績考取一種格西學位或晉升高一級班次，從而能在眾僧中出人頭地，受人尊敬。

辯經學位的獲得

作為辯經的評價標準，藏傳佛教將不同層次的辯經以授予不同學位的形式給予肯定。通常來說，寺院僧人要報考那一級學位都要事先向自己的經師講明，經師帶他去向措欽夏俄大僧官、格貴喇嘛獻哈達申請，並向大法台呈報。然後大法台命主考僧官喇嘛央勒巴列出考僧名單，審查資格，合格者通知考僧本人，做考前準備工作。命名學位有申請命名（申請命名是寺院通過正當管道按規定有比例請求授予學位的，這是一般喇嘛和僧人，人數較多）、特別命名（特殊命名多指給寺院活佛和有地位身份的高一級喇嘛例外授予學位的，人數很少）以及突然命名（是對從西藏深造回來或對寺院佛學有突出貢獻的個別活佛或喇嘛授予學位的）三種。

一般學僧通過辯論取得某一種學位的資格後，由寺院大法台命名學位、命名時間，然而堅巴、孟蘭然堅巴、協然巴、乾巴等學位在秋季法會期間，即八月十五日命名。林塞格西學位，如果是在冬季祈願大法會上巡迴辯經而取得資格的，則要到次年農曆八月十五日命名。如果是在夏季法會上辯經取得資格，到正月二十五日的春季法會上命名。歐然巴（密宗博士）、曼然巴

（醫學博士）、澤然巴（術算學博士）的命名時間是在秋季法會之初。

對於具體的辯論、命名程式和儀式，則要視不同層次的學位而定。若是請求命名然堅巴和林塞格西學位，立論者需在中觀論和般若論的辯論中取得資格後，在立辯《釋量論》和《入釋量論》的基礎上方可申請，經答辯合格者，由經師向拉讓管家申請命名，法會建立之際，經師帶立論者用哈達敬獻神佛和法台，然後請求命名。同時他們還需帶上哈達去拜謝主考僧官喇嘛央勒巴和經院格貴喇嘛。對於特殊命名者，只要達到格西學位和資格，大法台賜給他哈達後，便可進行命名儀式。被命名者向大僧官獻哈達一條，給經院格貴獻、喇嘛央勒巴分別獻哈達一條。要是請求命名者，則需按規定向僧伽在奉獻煮齋僧茶、齋茶、果品、食品、宴會費等錢物。授予歐然巴、曼然巴、澤然巴學位的僧人所出費用和請求命名者基本相同。從西藏回本寺請求命名者一般稱「突然命名」，他們需來寺後先繞佛道巡禮，之後準備好哈達等禮物拜見大法台、大僧官等寺院頭面人物，請求命名學位。同意後，首先給僧伽大會煮齋僧茶，然後立論辯經，合格者授予相應的學位。

命名學位儀式一般在大經堂和拉讓吉祥新宮中舉

行，按大僧官的意圖，將所授學位者從高到低依次排列名單。排名單時，特殊命名者向主考僧官獻上好的哈達一條，請求命名者獻次一些的哈達一條。在大經堂命名由大法台或取得拉然巴格西學位的活佛授學銜；在大拉讓則由大法台主持命名，會上還要給兩位大執事僧官、其他執事僧官、近侍僧、各大小活佛等獻茶食果品。儀式開始時，主考喇嘛央勒巴手擎線香繞會薰香一周，然後向大法台三叩首。起立後高頌佛教法幢遍立各方，興盛發達。之後歸隊，這時由大經堂引經師起頭誦《彌勒佛聞聽經》。誦經後，正式開始授學銜。命名儀式結束後，由兩位持香僧前導從大經堂正門而出，送回自己儲邸，此時，整個命名儀式算是結束。

> 藏傳佛教的辯經和漢傳佛教的講經說法雖都是佛教內部對佛教經典的一種闡釋論說，但卻有很大差別，藏傳佛教的辯經是基於佛教學修次第，在因明邏輯的指引下，同一層次學僧為更好消化吸收佛經經義而進行的辯論探討，它是以傳承為原則，因明為標準的學經。而漢傳佛教的講經說法，通常是在經師的帶領下，以傳承的標準，在經師自己的詮釋理解下進行的傳授，它更強調祖師的說法以及契理契機的意義，而對因明辯論是不提倡的。

第三節　火供

火供就是以燃燒供品的方式供養。它是將食物或各式各樣的物品，放入火中，將它們燃盡，寓意火吃掉了它們，以此來消除業障，增益福德、智慧資糧，進而得到究竟佛果位元的一種供養方式。火供在藏傳佛教供養活動中是一項非常重要的佛事活動。

火供的分類

藏傳佛教認為火供主要有三種類別，即桑供（桑供又稱煙供，它主要集中於山河、大地、宇宙諸神祇的供

火供儀式。圖為青海剛察縣在村外實施的一次火供祈福儀式。（才項仁增攝）。

養，特別是對局部範圍內的神祇做供養。桑供通常在屋子的頂樓或在山頂上施行，生起很大的煙。桑供必須非常潔淨，必須是百分之百的素食，不能有任何肉類）、餗供（餗供又稱嗅供，它較著重於鬼道、幽魂，以及對惡業生命的供養。餗供內容為非素食的，可以燃燒肉類來供養。不過，有素的餗供和葷的餗供，必須將它們分開進行供養，祈禱文要分開來念誦，所燃的火也要分兩堆來燃燒）和津塞。不過現在內地人一般說的火供具體是指「津塞」。

桑供。圖為山南昌珠寺前信眾們將桑葉、松柏葉、青稞面、鹽粒、艾蒿、石南等香草末等放入煨桑爐裡供佛，煙霧渺渺的情形。

> 息火供壇城為白色，觀想佛菩薩為白色，修行上師和弟子均穿白色衣服。盛裝共的福物與不共的福物的盤子為白色，盤內的福物也為白色，其意義為消除內外之障礙及魔障而得福慧二種資糧，為利濟眾生，圓成佛道。增火供壇城為黃色，觀想佛菩薩為黃色，上師及弟子均需穿黃色衣服，盛裝共的福物與不共的福物盤子為黃色，且盤內的福物也為黃色，其意義為佛法根本之菩提心增長，慈悲、智慧、財勢、長壽、空性、福慧二資糧均增長，並願眾生均沾法益，共登覺岸。懷火供壇城紅色，觀想佛菩薩為紅色，上師及弟子均穿紅色衣服，盛裝共的福物與不共的福物的盤子為紅色，且盤內的福物也是紅色，其意義為勾召從空性中來自十方諸佛菩薩之加持力，菩提心、慈悲、智慧、空性、財勢、長壽，所有神通力，不可思議之力量，融入我及一切眾生之心，並轉為空性，令一切眾生圓滿且獲得一切諸佛菩薩之力量泉源，並成就不生不滅之佛果。
>
> 誅火供壇城為藍色、綠色、黑色，觀想佛菩薩為忿怒本尊，其顏色則其中任一顏色即可，無特別規定。盛裝共的福物與不共的福物盤子為黑色或藍色，盤內福物為黑或藍色。

津塞主要集中於對本尊的供養。在津塞供養中，並不燒掉任何東西，但須依特定的儀軌來決定應供養那些素材。並且只有出家眾及該儀軌等傳承持有者才能執行「津塞」供養，普通人甚至不能去碰觸「津塞」儀軌

中的各項供品。一般來說,「津塞」有四種,即息火供、增火供、懷火供、誅火供。有時候四種合併在一起進行。

火供的時間及對象

藏傳佛教中,火供是在特定時間裡舉行的。以月分來說,一般息火供、增火供在藏曆的每月一日至十五日,懷火供在藏曆的每月一至廿五日,誅火供在藏曆的每月下旬,若是護法火供,以九日、十九日、廿九日最吉祥。若以天分來說,藏傳佛教認為,息火供在旭日東昇午時之前,增火供在一天中從上午九時至下午三時之間,懷火供在中午到下午五時,或者下午到晚上七時,誅火供在黃昏到晚上。

火供的對象主要有四:(1)向諸佛、菩薩、本尊供養。(2)對護法及高靈力的天神做供養。(3)供養諸有情眾生。(4)供養諸鬼魂及餓鬼道,同時特別供養那些我們對他欠了惡業的債主。這四類中,第一類與第二類我們稱之為上供,是供養與給予,第三和第四類則稱為佈施,對象是向下的。

火供前的準備

（1）上師身的佈置

藏傳佛教認為，火供前，上師前應坐在清淨的圓團上，身體作七支坐，並且內心應懷具無量之慈悲心，然後觀想本尊。「息火供」時，上師需坐西朝東，法衣一律素白，現報身佛之形象；「增火供」時，上師需坐北朝南，法衣一律黃色，現報身佛之形象；「懷火供」時，上師需坐東朝西，法衣一律紅色，現報身佛之形象；「誅火供」時，上師需坐南朝北，法衣一律黑色或綠色，現忿怒之形象。同時，在上師面前，還要準備金剛杵、金剛鈴、金剛匙、小鼓、甘露寶瓶、忿怒香、白芥子等法器及物品（火供上師可分三個層次，上品上師具有一本尊的成就，顯密圓融、學行精湛，具大菩提心及無量之慈悲心；中品上師雖然沒有成就任一本尊，但瞭解密法升起次第、圓滿次第意義，學行高深，具無量慈悲心，持守小乘律儀戒律之一或大乘菩薩戒戒律；下品上師瞭解佛法升起次第、圓滿次第意義，具無量慈悲心，接受過本尊灌頂，熟悉修行方法及程式）。

（2）火供壇城的佈置

藏傳佛教的火供壇城一般置於施供上師的左側，壇城中間備有本尊的佛像或唐卡。藏傳佛教認為最上等的壇城是沙子的壇城，如果沒有，可用彩繪的唐卡代表壇城。通常壇城沒開始佈置前，使用的地面須如玻璃平滑，爾後須於地上灑冰片、藏紅花或白檀香。在具體佈置中，壇城中心須要置油燈，火供開始時，才點燃油燈。壇城四方須有四支旗子，東方白色，南方黃色，西方紅色，北方藍色，東南方中間有大的旗子，代表火神，為本尊或火神顏色。郊外修火供，必須按照這些規矩如法進行。若在佛寺、閉關中心或佛堂時，因空間有限，壇城位置應由主法上師自己觀想方位，沒有嚴格規定。

藏傳佛教的火供壇城佈置有大小兩種：大壇城要求高度——手肘長，長度——二手張開之手臂長。小壇城則要求長度、高度約為東南西北二個手肘見方。形式有：息供的白色圓形壇城、增供的黃色四方形壇城、懷供的紅色半圓形壇城，與誅供的黑色三角形壇城。

（3）火供供品的佈置

　　火供供品通常安置在上師的右側，一般25%為第一次供養火神的供品，50%為供養本尊之的供品，25%為第二次供養火神的供品。

　　火供的供品有寓意財富力量的橄欖油、奶油、食用油、芥子油；寓意威嚴力量的柳木；寓意除障力量的芝麻；寓意大樂力量的咎粑；寓意福德力量的米；寓意精神力量的青稞；寓意失物失而復得力量的帶殼之穀物；寓意力氣力量的豆；寓意除病力量的麥子；寓意長壽力

火供的供品。現在藏傳佛教火供中最常見多是一些穀物的供奉。

量的百節草、茅草，寓意驅魔力量的芥子；寓意吉祥力量的吉祥草；寓意消除煩惱，恢復本來俱足福德資糧的金子、銀、銅、珊瑚、七寶、瑪瑙、象牙；寓意消除障礙、福德增長的五色布。不共的供品有中藥、水果、花、穀物及糖果等。

火供的基本儀規

上供部分：

上供適宜在早上、中午和晚上做。首先點燃上供物，以至誠心念「我以清靜歡喜心，代十方三世一切眾生，供養盡法界虛空界、十方三世一切佛剎、極微塵數所有諸佛世尊。供養盡法界虛空界，十方三世一切佛剎極微塵數所有菩薩摩訶薩。供養盡法界虛空界，十方三世一切剎土極微塵數所有聖者阿羅漢」（1-3遍）。之後三頂禮或合十作禮，以示誠敬。並可隨自己意願加念個別的佛菩薩、賢聖名號，如自己常供奉的佛菩薩、本尊、上師等。也可以根據自己的發心，加入其他代為的上供內容。如「一切罪苦眾生，自己無始劫以來一切親恩眷屬，怨親債主，朋友同修，一切有緣；無始劫以來為我所食、為我所殺，為我所傷害的的一切眾生」。念完後，恭敬合十，念變食咒二十一遍（最好是跪著

念），供養十方諸佛菩薩。或者念「我以清靜歡喜心，供養十方一切諸天聖眾、諸天天王、金剛護法、世間護法，閻羅天子及其眷屬、婆羅門仙及一切修善法的鬼神眾」（1-3遍）。之後念十四遍變食咒，以恭敬心、合十作禮。做完後，可在諸佛菩薩、賢聖、善神面前，代一切眾生、一切罪苦眾生、乃至代個別人等懺悔業障，祈求加披，消除違緣障礙，增長福德。

下施部分：

下施一般在晚上、早上和下午時分做。首先念「南無常住十方佛。南無常住十方法。南無常住十方僧。南無本師釋迦牟尼佛。南無多寶如來。南無妙色身如來。南無廣博身如來。南無離怖畏如來。南無西方極樂世界阿彌陀佛。南無十方大菩薩眾。南無一切於黑暗罪苦幽冥之地、普渡眾生的菩薩摩訶薩。南無觀世音菩薩。南無大勢至菩薩。南無地藏王菩薩。南無文殊師利菩薩。南無普賢菩薩。南無金剛藏王菩薩。南無主命菩薩。南無除蓋障菩薩。南無虛空藏菩薩。南無藥王菩薩。南無香雲蓋菩薩。南無韋陀菩薩。南無十方一切龍天善神、金剛護法、焰羅天子。願以威神加被，我今招請盡法界虛空界，十方剎海極微數所有罪苦眾生。卵生、胎生、濕生、化生，或有依於地水火風而生住者，或有依空及

諸卉木而生住者。種種生類、種種色身、種種形狀、種種相貌、種種壽量、種種族類、種種名號、種種心性、種種知見、種種欲樂、種種意行、種種威儀、種種衣服、種種飲食，處於種種村營聚落、城邑宮殿。乃至一切天龍八部、人非人等。無足、二足、四足、多足，有色、無色、有想、無想、非有想非無想，如是等類。以三寶威神力故，速顯我前，無一遺餘」（1遍）。

若有祈請諸佛菩薩、龍天善神的內容，則需念「招請盡法界虛空界，十方一切剎土極微塵數所有罪苦眾生」（3遍），或只念菩薩的名號。之後依次念「為十方一切罪苦眾生念炬智如來破地獄真言，或者念地藏菩薩破地獄真言、滅定業真言」（7遍或以上），召請真言：「南無不不帝利、切利多利、達他夜多耶」（3-7遍），解怨結真言：「唵、三陀囉、伽陀娑婆訶」（3-7遍），開咽喉真言：「翁、不不帝利、切多利、達他夜多耶」（3-7遍），甘露水真言：「南無蘇魯婆耶、達他夜多耶、達侄他、翁、蘇魯蘇魯，波拉蘇魯、波拉蘇魯、娑婆訶」（3-7遍），「願此光明智慧之火，照亮十方一切黑暗罪苦世界。一切眾生、若見若觸，苦惱盡除，清涼自在，悉得解脫。願此光明智慧之火，變化出無邊無量的上妙清靜美味、五穀雜糧，一切

日用一切器具，衣褲鞋帽、禦寒保暖照明之具，種種良藥，上妙珍寶、莊嚴之具、無量錢幣，象馬車乘。一切佈施之物，光潔如初，永不損壞、變質。一切佈施之物遍滿虛空法界，利樂所有罪苦眾生。祈願諸佛菩薩、一切善神，多運載一切佈施之物，各返國土、地界，慈悲平等、佈施一切罪苦眾生。南無大慈大悲虛空藏菩薩」（3遍），變食真言：「南無薩娃、達他夜多、娃魯只帝、翁、三八拉、三八拉、轟」（3-7遍），「為一切受我所施者做三皈依；同時觀想無量的眾生，以歡喜心，與我齊聲同念：盡未來際皈依佛、皈依法、皈依僧」（3遍），「皈依佛竟、皈依法竟、皈依僧竟」（1遍），「南無大慈大悲西方極樂世界接引慈父阿彌陀佛」（3遍），「誦阿彌陀大樂心咒或往生咒」（7遍或以上），普供養真言：「唵、哦哦曩、三婆縛、伐日囉斛」（3-7遍），

最後念回向文：「我以清靜歡喜心，將此功德、回向過去現在未來一切諸佛國土，眾生國土，一切眾生，一切受我施者。回向給弟子的無始劫以來一切親恩眷屬，怨親債主，朋友同修，一切有緣，回向給無始劫以來為我所食、為我所殺，為我所傷害的的一切眾生。願以此功德，回向國土平安，風調雨順，人民安樂、災秧

息止。以此功德,隨喜過去、現在、未來一切諸佛菩薩賢聖所有的福德、智慧、利樂眾生的大宏誓願。或普願眾生,離苦得樂,永脫三塗,常生人天、及諸佛國,於佛正法,生清靜信,發菩提心,上乞佛法、下化眾生,速證菩提,廣度有情。」

在這過程中,如果燒施物不夠的話,可再加點油和施物,讓火保持旺盛,並在念到變食咒時,使火燒得最旺。

火供的功德

藏傳佛教認為修施火供有著無上功德。具體來說,在勝義諦上,修息火供可得東方佛金剛薩埵,及所有息本尊之報身佛成就果位;修增火供可得南方寶身佛,及所有增本尊之報身佛成就果位;修懷火供可得西方阿彌陀佛,及所有懷本尊之報身佛成就果位;修誅火供可得北方不空成就佛,及所有誅本尊之報身佛成就果位。若四者一起修,可得中央毗盧遮那佛,及所有本尊的成就。若只瞭解火供的意義,並用禪定來修火供,也可得法身佛普賢王如來最究竟之果位。而若從世俗諦來說,火供則有增壽、除病、改運、開智、種福、得子、化解災厄、生意興隆、家庭和諧、國家平安等功德。

第四節　放生

　　放生就是救護那些被擒、被抓、將被宰殺、命在垂危的眾生性命，使其不受人宰割、烹食。佛經記載，放生源自於佛陀當時，印度有個信奉外道的國王，名叫「車金」，因他喜歡食用新鮮溫熱的血肉而宰殺了數以萬計的生命。後來，墮生在地獄，受到各種痛苦。阿難向佛陀稟告了這一情形，佛陀說那是因為喜食血肉而屠

比如骷髏牆。位於那曲比如縣達木爾寺內，照片正中的石頭處就是解剖肢解屍體的地方，周圍是用人頭顱骨堆砌成的圍牆。

殺眾多生命的果報。之後，阿難專門為此放了許多生命，並由此從惡趣的苦難中得到了解脫。放生體現在對生命尊嚴的維護，它是佛門廣大慈悲的救度精神展現，也是佛教與信眾互動的重要形式。

放生的因緣及利益

佛教認為在十善業中，每種都有相似和標準兩類，相似類是指僅僅捨棄殺生的善業，標準類是指不僅捨棄殺生，還要做保護其它生命等的善業。因此，佛教能夠在自己力所能及的範圍內，對自己擁有的家畜，活著期間給予養護，死時解除它們對死亡的畏懼，讓它們自由自在；或者對不是自己擁有的眾生，在它們即將被殺害時，暫時解除它們對死亡的恐懼，並以清淨意樂勸阻他人捨棄殺生的放生行為，看作是一種真實的無畏佈施和饒益有情戒。由此使個人在善趣世界中獲得圓滿天人身和人身的因，實現善根不枯不竭的圓成善果，享受無病無災、快樂幸福的長壽果報，並給上師帶來長久住世、往生極樂世界等無量益處。因此，放生活動被認為是一切善業行為是最大的功德，受到佛教僧俗的特殊推崇。

具體來說，佛教認為放生有四大果利益：異熟果的放生，下等發心可以轉於人道，中等發心可以轉於欲

界天,上等發心,由於放生數量極多,則轉生色界無色界,漸次脫離輪回苦海;等流果的放生,可分為兩種,感受等流果的放生將來生生世世可以長壽無病,同行等流果的放生未來得人身時,喜歡斷殺放生,能具足慈悲善心行持殊勝菩薩道;增上果的放生將來不轉生在深淵險地的地方,而是可以身處樂意美境,飲食美味花果;士用果的放生可在一切生世中具有增上的善德。

放生的時間

放生在藏傳佛教中一般選擇在重要的傳統的佛教節日期間進行,比如:藏曆正月初一至十五之間,是佛陀示現神變的節日;藏曆四月初七是誕辰日;此月十五日是成道日和涅盤日;六月初四日佛陀轉法輪日;十五日是入胎日;九月廿二日是佛陀天降日;每月十五日、卅日和初八日,分別是阿彌陀佛、釋迦牟尼佛和藥師佛的節日;六月初十是蓮花生大師在「達那郭夏」海中誕生日。此外,也有以自己居住地區所流行的佛菩薩節日作為放生的日子。當然,佛教也認為,只要發心,放生也可隨時隨地進行。

放生的過程

　　放生儀式在藏傳佛教中是較為隆重的一場活動，特別是在一些正式的放生活動中。通常在已選好的放生日子裡，放生者攜帶放生動物到達預先選擇的放生地點。一切準備好後，由法師念誦放生依軌（會念的信眾也可以跟著法師一起誦讀）。

　　藏傳佛教由於教派的不同，各個派別念誦的放生儀軌也各不相同，不過也不是根本的不同，只是一些具體指節上的差異，它們在結構上還是有著一致性，這裡以堪布索達吉著的《放生儀軌甘露妙藥》為大家作以展示：

　　頂禮根本上師足！

1、皈依、發心（三遍）：
諸佛正法賢聖三寶尊，從今直至菩提永皈依。
我以所修施等諸資糧，為利有情故願大覺成！

2、發四無量心（一遍）：
願諸眾生永具安樂及安樂因，
願諸眾生永離眾苦及眾苦因，

願諸眾生永具無苦之樂、我心怡悅

願諸眾生遠離貪瞋之心、住平等舍。

3、供養偈（一遍）並觀想將此眾生供養於諸佛菩薩：

諸佛菩薩垂念我，乃至究竟菩提果，

此等眾生作供養，祈以悲湣而納受。

4、心經（一遍）

〈般若波羅蜜多心經〉

觀自在菩薩。行深般若波羅蜜多時。照見五蘊皆空。度一切苦厄。舍利子。色不異空。空不異色。色即是空。空即是色。受想行識。亦複如是。舍利子，是諸法空相。不生不滅・不垢不淨。不增不減。是故空中無色。無受想行識。無眼耳鼻舌身意。無色聲香味觸法。無眼界。乃至無意識界。無無明亦無無明盡・乃至無老死亦無老死盡・無苦集滅道。無智亦無得。以無所得故。菩提薩埵。依般若波羅蜜多故。心無掛礙。無掛礙故。無有恐怖。遠離顛倒夢想。究竟涅槃・三世諸佛・依般若波羅蜜多故。得阿耨多羅三藐三菩堤。故知般若波羅蜜多。是大神咒。是大明咒。是無上咒。是無等等

咒。能除一切苦，真實不虛，故說般若波羅蜜多咒。即說咒曰。揭諦揭諦，波羅揭諦。波羅僧揭諦。菩提薩婆訶。

摩訶般若波羅蜜多（三稱）

5、誦佛菩薩名號（各三或七遍）：

頂禮、供養、皈依出有壞善逝應供正等覺本師釋迦牟尼佛

頂禮、供養、皈依出有壞善逝應供正等覺善名稱吉祥王如來

頂禮、供養、皈依出有壞善逝應供正等覺寶月蓮智嚴光音自在王如來

頂禮、供養、皈依出有壞善逝應供正等覺金色寶光妙行成就如來

頂禮、供養、皈依出有壞善逝應供正等覺無憂最勝吉祥如來

頂禮、供養、皈依出有壞善逝應供正等覺法海雷音如來

頂禮、供養、皈依出有壞善逝應供正等覺法海勝慧遊戲神通王如來

頂禮、供養、皈依出有壞善逝應供正等覺藥師琉璃

光王如来

　　顶礼、供养、皈依出有坏善逝应供正等觉西方极乐世界阿弥陀佛

　　顶礼、供养、皈依出有坏善逝应供正等觉宝积佛

　　顶礼、供养、皈依文殊菩萨

　　顶礼、供养、皈依地藏王菩萨

　　顶礼、供养、皈依弥勒菩萨

　　顶礼、供养、皈依观音菩萨

　　顶礼、供养、皈依除盖障菩萨

　　顶礼、供养、皈依金刚手菩萨

　　顶礼、供养、皈依普贤菩萨

　　顶礼、供养、皈依虚空藏菩萨

　　6、诵咒（各数十遍或一百零八遍）：

　　释迦牟尼佛心咒：嗡　摩尼摩尼　玛哈　摩呢　耶娑哈

　　观世音菩萨心咒：嗡嘛呢叭美吽舍

　　阿弥陀佛心咒：　嗡阿弥德瓦阿依斯德吽舍

　　往生咒：南无阿弥多婆夜，哆他伽多夜　哆地夜他阿弥利都婆毗　阿弥利哆悉耽婆毗阿弥利哆毗迦兰帝　阿弥利哆　毗迦兰多伽　弥腻　伽伽那枳多迦利娑

波訶。

7、回向文（一遍）：
此福已得一切智，摧伏一切過患敵，
生老病死猶湧濤，願度有海諸有情。

若時間充裕，還可誦念《普賢行願品》中偈頌部分（從「所有十方世界中，三世一切人師子，……」到「普願沉溺諸眾生，速往無量光佛剎。」）

念誦完放生依軌後，為了使動物的相續中播下解脫的種子，通常還會由喇嘛主持，對放生動物餵以「解脫甘露丸」或繫「解脫結」在頭頂的方式進行加持。同時還要將這些旁生供養三寶在前，由喇嘛僧人為放生的動物念皈依詞，誦殊勝佛號和密咒，以此觀想它們已進入三寶的護佑處。通常在放生動物耳邊念誦的佛號和密咒有：

（一）、「頂禮出有壞、善逝、應供、正等覺寶髻如來」－這是寶髻如來聖號，藏傳佛教認為這一聖號對於生到旁生等類的惡趣眾生功德巨大，它們一聞此名，便可從苦難中解脫而生往天界。這一佛號曾有個故

事,相傳在佛陀時,有個名叫降水的人。有一天他外出時,在路上突然看到食肉動物狗、狼和烏鴉趕向一個水池邊。見此情況,他跑到那邊去看,只見在那個大水池裡,有一萬條魚在僅剩的一點水中游來遊去,很是可憐。為了這些魚,他向國王借了二十頭大象,並向牧者借了一百個皮水袋,在口袋中裝滿水,疾速來到水池邊,從象身上卸下水,將水池充滿。並且,他又吩咐自己名叫「水衣」的兒子,到家中將許多食物用大象駄來,滿足了那些魚。並特意念誦了寶髻如來名號,並講了緣起甚深之法。後來,那一萬條魚死後,往生到三十三天,當它們得知是降水念誦寶髻如來聖號和宣講緣起甚深法的力量的功德後。為了報答恩情,這一萬天子來到降水家中,供養了四萬條珍珠雙股項鍊,並降下花雨,奏起各種天樂,以作供養,這為這一佛號流傳世間的開始。

（二）、「頂禮出有壞、善逝、應供、正等覺釋迦牟尼如來」－藏傳佛教認為聞此佛號,旁生會播下無上菩提的種子,實現成佛。

（三）、「噢瑪訥巴美轟」－這一六字大明咒,在旁生耳邊念誦,功德亦極大。這一咒語相傳是在古印度有座名叫「括莫積」的城市,那裡有個骯髒的沼澤地,

生有成千上萬的蟲子，由於聖者觀世音變成一隻金色蜜蜂來到那兒，口誦六字大明咒——那些眾生因此而往生到極樂世界裡，變成了名叫「口溢香」的菩薩。後世由此以這一六字明咒來稱讚佛的功德。《不空四絹索經》中對此也有：「在旁生耳畔誦此聖者觀世音菩薩心咒，旁生從惡趣中解脫，往生極樂剎土」的記錄。

（四）、噢那莫巴嘎瓦得，阿壩熱，麼大，阿耶加那，色波訥，則大得咋，日（阿）雜呀，達它嘎達亞，阿哈得，薩亞桑，波達亞，達亞它，噢，本耶本耶，互哈本耶，阿壩熱，麼大本耶，阿壩熱，麼達本亞，加那桑吧，若巴子得，噢薩日瓦，桑嘎日（阿），巴熱西達，達日瑪得，嘎嘎那，薩夢嘎得，桑巴瓦，波西德，馬哈那亞，巴熱瓦銳，梭哈－這個咒語是長壽咒，藏傳佛教認為，如果在旁生耳邊念誦，可以圓成正等正覺。

此外，對於水生等動物放生，也有多念「噢，加那阿瓦羅個得，薩漫大，薩帕日（阿）那，銳麼巴瓦，薩瑪呀，瑪哈瑪訥，德熱德熱，市達亞，左拉訥轟。」咒語的，藏傳佛教認為，誦此咒七遍，水生動物一飲河水就能消除一切罪業而往生善趣。此外，藏傳佛教放生中也會對顯示緣起甚深法的緣起咒或一些法的偈子進行念

誦，以此使放生動物暫時解除對生命恐懼，在相續中種下解脫的種子，從而把它們從惡趣的懸崖邊救出來，並置於無上菩提果位之中，因此，這些咒語在藏傳佛教中被認為是具特殊的利益。

念完誦咒後，將放生動物放入放生地（水生動物一般是放生在河流或湖泊中，如鳥類一般放生在空曠的田野中、而大形動物如牛羊，一般放生在深山中等）就可以了。放生者目送放生動物遠去，在體會到了放生行為帶來歡喜的同時，也感受到了佛陀的慈悲。

當然，以上是一些比較正規的、大型的放生法會做法。對於一些個人的、隨機的、少量的放生，則不必拘泥於形式，依各自的方便而行。但不管怎樣，也不能染有期待獲取名譽聲望等壞念頭，且應知放生是在救護眾生，是為培養自己和他人的慈悲心，因此放生一定要因地制宜，根據環境的不同、各種生靈的生存狀態，對放生儀式作適當增減。如遇急迫情況也可先行放生，之後心中默誦經文或念咒發願。

放生的原則

由於放生在藏傳佛教中被認為是很具功德的事，隨著傳統放生儀式固定下來，一些具體的放生禁忌逐步轉

化為人們放生時共同遵守的放生準則，通常來說主要有以下幾條：

1、放生時不要將相剋的動物在一起放生，如不要把羊放生到狼群裡，也不要把狼放生到羊群裡。否則，我們將看到被放生動物相互殘害，那樣就失去了放生的意義。
2、不要把已經失去在野外生存能力的動物進行放生，否則，它們不是在野外餓死、病死，就是成為其他動物的食物，即使僥倖活下來了，也會成為無家可歸的孤兒。
3、放生前要瞭解動物的生活習性，瞭解它們能夠在怎樣的環境裡生存。如不要把只能在鹽水環境裡生存的動物，放生到淡水的河裡、水庫、或放生池，也不要把只能在淡水裡生存的動物放生到海裡。否則，雖然您想要放生，卻造成了傷生的事實。
4、放生的地點應該選在遠離捕殺的水域、山林，儘量能使所放眾生生存且能長壽的地方。
5、放生的類別應以蟲類、魚類、飛禽、畜類等為主，所放眾生軀體越大，所獲功德也越大。

6、要注意生態環境的保護，不要因為您的放生，使原來的生態環境遭到破壞，結果放了一批，卻害死了另一批。

7、要照顧放生地方周圍人家的感受，不要把可能對人和家禽造成傷害的動物，放生在人家生活和工作的地方。

8、放生是一件功德無邊的事情。在想要放生時，應當由自己直接、臨時去市場購買，避免漁夫、獵人，或商家藉此捕獵兜售。買到的就是與您有緣的眾生，就是可以成就放生功德的眾生。

9、不要太注重於儀式。能夠完整地做個放生儀式當然好，但是簡單地念三遍皈依也一樣可以。不要因為長長的念誦儀式，而讓眾生等不到被放就先死了。

10、放生是一件輕鬆開心的事，應該開開心心歡歡喜喜去做！

漢藏兩地佛教放生都有體現佛教慈悲精神的涵義，但在具體上，兩地佛教的放生又有著諸多不同。如對於放生儀軌上，藏傳佛教在念誦的放生儀軌上多會體現密宗的一些儀式（諸如密咒、密乘佛的名號以及密宗的動作等），漢傳佛教的放生儀軌則是顯宗式的，一般沒有密乘的一些內容，就算有一些咒語，也多是傳承這一咒語的顯宗的意義。同時，由於漢族社會的農耕傳統及自然環境的因素，在放生的具體動物上，多是以水生和鳥類為主；藏區由於地廣人稀，且受放生動物越大，功德越大的影響，藏傳佛教的放生多以犛牛等大型動物為主。

第五節　金剛舞

　　金剛舞即金剛驅魔神舞，它被認為是藏傳佛教寺院各類法會佛事活動中的重要組成內容。在密續經典《時輪空行海》、《金剛帳》、《瑜伽續》等文獻裡多有關於金剛神舞情況的描述。藏傳佛教的金剛舞據記載，來自於蓮花生大師傳給王妃及哲‧阿闍梨薩蕾，後由哲‧阿闍梨薩蕾等傳給款‧魯益旺波而弘傳下來的《大威德金剛橛法》。藏傳佛教寧瑪派等舊密密法宗派將其認作為《修部八教》其中之一，藏傳佛教後弘期薩迦派及格魯派即五世嘉華阿旺‧羅桑嘉措也根據自已所創的法門

金剛舞。法會上的金剛舞，表演者身著盛裝，頭戴面具，忘情的表演著，觀眾們陶醉的看著，也樂在其中。

儀軌，並模仿自派的本尊、護法者、土地神、住神、施主、四大天王及明妃、布袋和尚等形象舉行金剛驅魔神舞表演來弘揚其本教派教法，由此使藏傳佛教金剛舞成為傳播藏區及蒙古等地區的重要藏傳佛教佛事儀式。

金剛舞的緣起

金剛舞主要是以足上動作為主一宗教舞蹈，它要求舞者達到「上求菩提，下化眾生」的菩提行。主要來說，就是要求舞者體態威嚴、舞蹈動作與手印善巧教授相應、口誦真言相續不斷、心與本尊威義相應，並以明

空無執加以印證，做到「上身猶獅子，腰部如盤繞，關節像幻輪，肌肉當放鬆，血脈似沸騰，舉止應尊嚴，作舞亦緩慢，膝蓋要彎曲，骨胳現安樂，皆勇顯威猛」的狀態。具體來說，就是要求在跳怖畏舞時，揮舞不過重；跳尊嚴柔和舞時，雙目不緊閉；跳快樂舞時，不顯露急促；跳輕鬆曼舞時，動作不懈怠；跳嫵媚舞時，動作變化不過重等等，這一舞蹈盛行於舊密咒經典的修行者當中，並各自有其傳承起源。藏文《內無上乘經》記載，此舞法門廣大、遍佈虛空、不可勝數，最早由天龍夜叉之界傳出，後由勝喜金剛等傳於蓮花生大師，並經無垢友、婆羅門阿闍梨、屍曼殊、那九鳩摩（童智）、妙獅子、慧經等諸位已證殊勝成就「持明位者」傳到烏丈那、印度、尼泊爾。

　　藏傳佛教金剛舞的法系是蓮花生大師的系統。相傳西元8世紀時，由於今孟加拉出身的靜命大師在藏地說「十善法」和「十八界法」，並給各地僧俗傳授「八關齋戒」等法，因此引起當地的惡神厲鬼不悅，西藏本土的宗教念青塘古拉山的山神念惡咒雷劈紅山宮、亞拉香波山的山神水淹旁塘、十二丹瑪女神對人畜施放瘟疫。當此災難降臨時，應藏王赤松德贊所請，靜命大師派遣使節前往印度迎請蓮花生大師，以降藏地諸惡毒天龍。

蓮花生大師以神通感知到了從藏地派來的使節，所以事先從印度啟程，在路途中遇使節後共同入藏，從而將金剛舞的儀軌帶到了藏地，並在慶賀西藏桑耶永固天成大寺的落成典禮上進行了表演。

金剛舞舉行的時間和規模

一般藏區根據釋迦牟尼佛在世時，曾在藏曆正月初一至十五日期間示現了種種神通變化，並制伏眾多惡魔外道的傳說，將藏曆正月稱為神變月，並在大願祈禱法會後附加金剛驅魔神舞的表演。不過因為金剛舞的娛樂性，一般藏傳佛教的一些群眾性節日期間也多會有金剛舞的表演。

金剛驅魔神舞在蒙藏佛教各教派、各寺院、各地域也有各自的表演藝術形式，有場面盛大的寺院，也有小範圍舉行的寺院。通常舞蹈人數以大、中、小三種來區分，大的有三百人以上，中的七十人不等，小的十人或一人舞蹈。

金剛舞的類型

藏傳佛教的大小寺院一般都有金剛舞的表演，不過由於地區傳承等不同，各地的金剛舞在表演風格和表現

形式上也各不相同,不過從類型上說,比較常見的有:供養舞、地舞、米拉查瑪舞和黑帽度母舞。

(1)供養舞

供養舞是為供養佛、菩薩、護法神等天女,將種種吉祥結、妙蓮、寶傘、右旋海螺、金輪、勝利幢、寶瓶、金魚八瑞相等作為供養的法具而獻的舞。演奏的樂器有法螺、螺杵、鐃撥、嗩吶、長號角、脛骨號筒、長柄鼓、雙面鼓、神鼓等。

(2)地舞

地舞是建立與開設密宗殿堂佛像時,為鎮地而跳的舞,它主要有密集金剛、大威德金剛、勝樂金剛、時輪金剛法門神舞等。

(3)米拉查瑪舞

米拉查瑪舞是藏傳佛教的金剛帳舞,是為紀念藏傳佛教著名的即身成佛的修行者米拉熱巴(公元1040-1123)的傳道說法而創作的。它不是一種純粹的舞蹈,而是在「唱、念、作、打」的過程中,念誦經典和結佛手印等來體現綜合的佛教藝術。米拉查瑪舞裡具備了藏

傳佛教的諸佛、菩薩的手印，舞蹈強烈體現出佛教的藝術風格，將佛教的莊嚴肅穆與神秘色彩融為一體。「道歌」中的對白更是精彩，既詼諧幽默，又富於深刻佛理，引人發笑，笑中藏真，於笑中現藝術真情。整部舞蹈以米拉熱巴傳道為中心，以兩個狩獵的白頭老人和黑頭老人尋找自己的狗為線索，通過狗、鹿以及白頭老人和黑頭老人被米拉熱巴的「道歌」所感，反映了佛教所提倡的「一切眾生悉有佛性」的真理。在蒙藏各地佛教寺院傳承下來的米拉查瑪舞，據說有六百多種以上，流傳甚廣。

米拉查瑪舞。米拉查瑪舞中白頭老人和黑頭老人被勸誡的場景。

（4）黑帽度母舞

　　一般由一名黑帽度母、五人閻摩護法、永保護法、吉祥天女（吉祥天母）、姊妹護法（大紅可命主）、五明王護法，四阿雜拉（游方僧）、四骷髏、四名怙主羅叉、五個眷屬、吉祥天女和四名天女、二面舞者、四名屍陀林主、二頭鹿、一頭小鹿、一頭大鹿與大鵬金翅鳥、四大天王、及布袋和尚等舞者登場表演的形式。

金剛舞的組成

　　藏傳佛教認為跳金剛舞時，要求舞者應觀想本尊、護法神之色身，並將自己的我執及眾生的一切我執攝與為一體，從而實現一種圓融無礙、即成無緣法界的境界。因此，金剛舞有著自己特定的表演過程，具體來說，有以下幾部分組成：

　　金剛舞開幕之前，先由寺院住持或高僧主持，眾僧集體走出佛殿，走向金剛舞的舞臺。在主持人（執金剛杵和金剛鈴）身後，有一僧人執「黃羅傘蓋」緊隨，有二小僧手執香爐前面開道，隨後手執幢、幡的二僧及吹奏樂隊的法螺手、鑲翅法螺手、螺杵手、鐃撥手、嗩吶手、長號角手、脛骨號筒手、長柄鼓手、神鼓手等的

龐大儀仗隊來到舞蹈現場。走在佇列最前頭的是二位抬朵瑪的僧人，朵瑪呈三角形，高有1.5米左右，頂上方有髑髏裝飾，三側有風、火圖案裝飾，放置於三角形木盤內，僧人將把這朵瑪放置於舞場之正方桌上。接著，主持人以及高僧大德眾僧在舞場後部就坐（一般座北朝南），舞蹈開始。

1、在樂器聲中，四大天王手持國、勝身、廣目、多聞登場，各執法器守護四方而立。然後有布袋和尚帶六名小童緩緩出場，禮佛，在場地前部面對眾而坐（一般座南朝北），這是舞蹈的開始。

2、二十一尊使者為啟請上師、本尊、四續部的佛、護法神和當地的神等，獻以茶水、牛奶、酒、等適當比率的配料與金粉混合，施與經咒加持而成的甘露（又稱神飲）作為供養，即黑帽舞。這時，二十一尊使者各自手執盛滿甘露的容器，以此祈求佛、菩薩賜福人間，滿足眾生所願，並祈禱金剛舞法會圓滿成就（關於黑帽舞的表演也有另外一些說法：一種說法認為是因黑帽咒師在舞蹈開始做出各種念咒驅邪的動作而得名；另一種說法是說唐朝時期，由寧

瑪派模仿內地漢僧入吐蕃之裝束穿灰縷衣舞蹈而來的)。

3、吉祥天母同其四位部眾：春天母、夏天母、秋天母、冬天母一齊登場。吉祥天母青面三目，頭飾五髑髏冠，口中橫咬羅叉，赤髮上指，髮上是半月，在月之上有孔雀的傘蓋。天母右邊耳環上飾有獅子，左邊耳環上是蛇。右手執金剛短杖，左手執盛血的人頭骸，呈降魔相。

4、四位阿雜拉（游方僧）起舞：這是感謝佛教最初從印度尼泊爾傳到西藏期間，有許多譯師、高僧、遊行僧、行腳僧、瑜伽咒師的相助之恩德而跳的各種形象之舞，阿雜拉們在這一舞中模仿各種舞姿，發人嬉笑者甚多，並有象徵民族團結和友誼的寓意。

5、永保護法同四位待從眷屬起舞：「永保護法」藏語稱「貢波」，謂觀世音菩薩的化現，永保護法，他以一面二臂、一面四臂、一面六臂和四面四臂等形相出現，一般一面六臂為多見。永保護法青面三目圓睜，頭戴五骷髏冠、張口捲舌，髮向上，右手執月形彎刀，左手持盛血骨頭顱器，頸上掛條長蛇，表明他降服龍王和

其它一切妖魔。

6、四人屍陀林主（骸骨）作舞：屍陀林主又稱屍林主即屍林之神。屍陀林主是勝樂金剛的男女神變，也是勝樂金剛的護法。屍陀林主為三目骷髏面，頭戴五骷髏冠，頭二側有扇形蝶翅狀飾物，故又被稱為蝴蝶舞。

7、五位閻摩護法神作舞：它舞蹈鼓樂激昂，舞者矯健。閻摩護法神（因閻摩護法王因降服了閻摩王，並以閻摩王的形象出現，故閻摩護法神又稱地獄主。閻摩王是分別一切善惡的首領，凡做惡者，法王即用以左手的絹索縛其頸，右手的骨杖將做惡者粉身碎骨。法王地獄主是文殊菩薩的護法，是智慧之神。相傳藏傳佛教格魯派祖師宗喀巴（1357-1419）是文殊師利菩薩的化身，因此法王地獄主也是宗喀巴的護法，所以閻摩護法王在格魯派寺院的地位極高。）現水牛面、三目張牙、頭飾五髑髏冠，發上指、右手持髑髏頭連脊樑的人骨杖，左手持絹索。

8、鹿面神和牛面神作舞：鹿面神和牛面神雙舞據說閻摩護法的眷屬，為驅除怨魔事業而狂舞。

其間，鹿牛二神一邊起舞，一邊將放置於魔場地中心木盤中象徵惡魔的人形物碎屍萬段拋灑淨盡。

9、髑髏面具舞：四位戴髑髏面具者手持拘牌翩翩起舞，他們是閻摩王的使者，記錄眾生的善惡果並報於閻摩王。骷髏舞表示人身難得、生死無常、解脫輪回、離苦得樂。

10、諸護法神舞：除四位骷髏面使者外的護法神眾的集體舞蹈，以示掃盡惡魔，佛法弘揚，人天歡喜。

鹿神。圖為金剛舞表演時鹿神請求上天保佑的情形。

最後一場是大鵬金翅鳥舞，大鵬金翅鳥口叼長蛇，手執十種法器，雄猛無比，大有摧毀一切魔軍，所向披靡之勢。寓意鵬程萬里，終得解脫。

金剛舞的利益

《勝樂金剛續》中說，金剛舞的意義在於「特為調伏諸惡魔而製作，以六聲調圓滿六義，舞動六勢度六眾」。具體來說就是要求舞者身與本尊、護法神德相相應，在結手印、執法器的同時，能夠口誦真言，以使之相續不斷。進而通過心想本尊、護法神威儀，且化靈光融入己身，以息災、調伏的密法制伏諸魔及自己和他人的我執，來攝收己身，達到圓融無礙的大自在境地，從而來保護佛教事業的興旺和百姓的安居樂業。

用更通俗的話來說，就是通過金剛舞的表演，可以在弘揚佛教止惡行善宗旨，在調伏自己的貪、嗔、癡等惡習的過程中，破除世俗諦的各種迷幻惑，彰顯佛教的勝義法界。由此給眾生帶來智慧的同時，也可以使他們過上幸福安康的生活。

第六節　開光

開光，又稱開光明、開眼、開明，就是將新佛像、佛畫置於佛殿、佛室中，由一定修行成就的人通過持印誦咒，加上給予特別的靈力來消除物品不好的磁場，賦予物品特殊的靈力，而舉行的一種特殊灌頂儀式。由於經過開光中的聖物被認為具有宗教意義上的神聖性，被認為是開光者恭敬心、清淨心和信心的體現，因而受到廣大佛教徒的頂禮膜拜，在藏傳佛教中成為了僧俗都很重視的佛事活動儀式之一。

薩迦上師為大殿開光時念誦經文的狀況。

開光的利益

佛教認為,由於我們眾生無始以來受到無明塵垢的污染,而不能徹見諸法的真理,如果能夠得到真正了悟佛法真諦的大成就者開光,普通的佛、菩薩像及吊墜,開光物就會如活生生的諸佛、菩薩與供奉者或佩戴者身心相隨。對外來說,可以起到防止邪祟作怪,消災袪病,趨吉避凶的作用。對於個人來說則可以開發我們的內具智慧,更好的祈請諸佛菩薩駕臨,在修證上達到與佛心相應,進而具備大慈大悲、大智大慧、五眼六通的境界。

雖然在我們世俗人看來,開光佛像是一個物體,一個形象,但在法界眾生的眼中,開光佛像卻是一位活生生的佛、菩薩,它帶有佛菩薩的全息資訊。也正因為如此,佛教認為只有通過修行證法人的開光,請到真正有修持的佛教護法,護持佛像、護持正法,加持供奉者或修行者才能開啟智慧、修證身心。其價值是無法用金錢來衡量的。因此,開光就是宣說這個佛菩薩代表的意義。譬如供養觀世音菩薩,觀世音菩薩代表的是慈悲,把菩薩大慈大悲救度一切眾生這個本願宣說出來。我們供養佛菩薩、供養觀世音菩薩,就要效法佛菩薩大慈

大悲、救苦救難的這一種悲願。所以見到觀音菩薩的形像，聽到觀音菩薩的名號，就把我們大慈悲心引發出來。我們對於一切人、一切事、一切物，要以大慈大悲，真正去愛護、關懷、幫助，由此開發我們自性慈悲的光明，這就是開光價值。所以開光就是藉佛菩薩名號、形像來開發、啟發我們自性的光明。

開光前的準備

藏傳佛教開光前，首先要請得道的高僧或藏曆天文曆算大師對照請求開光者的個人生辰八字進行曆法測算，從而確定個人所需開光物的類別。之後在市場上

開光過程中持金剛鈴集體施法的情景。

購買所要的供奉物。佛像一般分為泥塑佛像、銅質佛像兩種，以從尼泊爾進口的銅質佛為上品。這類佛象需要對其內部進行「裝藏」，即填充聖物。對塑像的「裝藏」，一般裝藏物有：1、法身藏物（指經文）；2、佛身舍利；3、穀、芥舍利（指像穀粒和芥籽的舍利）。

> 法身藏物從神佛像頭部裝入的經文稱為「頭陀羅陀咒文」，從頸項處裝入的經文稱為「頸項陀羅陀咒文」；從蓮花座處裝入的經文稱「蓮花陀羅尼」。佛身舍利主要由諸如神佛聖人的指甲、牙齒、毛髮等物組成，或者由屬於神佛聖人的個人用品，如衣物以及在他生前曾經常使用過的其他用品組成；佛身舍利有時也用骨舍利或者經過防腐處理的聖者遺體。穀、芥等因被認為具有潔淨的效能，也多用於「裝藏」。在一些大的塑像內腔也經常放置一些較小的佛像、經文和佛塔。在新製成的神佛內腔內放置什麼物品，主要取決於所放置的物品是否與該佛像一致，是否合理，是否有利。

當然，填充聖物並不是雜亂無章地胡亂堆在神佛像的內腔，而是要根據經典中記載的儀式規軌，舉行一個特殊的儀式，這個儀式被稱為「供獻內藏聖物儀軌」。

舉行這一儀式，首先要把神佛像內藏物按規定的位置放入內膛。如果說是較大的佛像，在放置內藏物的同時，通常還要在佛像內膛中央豎立一根長木棍，最好是檀木棍，而且長度和內膛高度一致。對有底座的佛像來說，如有蓮花座的佛像則需要製作一底蓋，製作神佛像底蓋的目的是嚴實地蓋住佛像底座的出口。如果是泥塑伸縮像，佛像底蓋一般用木材製成，偶爾也使用金、銀或青銅、黃銅作底蓋，在用底蓋蓋嚴佛像的底座出口後，在底蓋朝外的一面，畫上交叉的金剛杵，稱「交杵金剛」。封嚴出口的目的是防止外界的損傷，如蟲蛀，鼠害等對填充聖物的損傷，而且還能保持內膛的乾燥，防止填充物腐爛。沒有蓮花底座的神佛像是在佛像的後背上開一個出口，出口外蓋的製作與封蓋過程和底蓋的製作與封蓋過程相似。

　　佛像中的裝藏物一般不能輕易翻動，但若由於自然的侵蝕和偶然的災害等原因，需要對神佛像進行修補時，才可以將裝藏物進行挪動位置，不過這樣要按儀軌重新進行裝藏。通常佛像「裝藏」是個嚴謹、細緻且很辛苦的工作，需要由經驗豐富的僧人來做，這樣的目的也是為了給修行人以信心和加持力，提醒修行人要精進修行。

四臂觀音。四臂觀音是雪域西藏的守護神,廣大藏蒙佛教徒把達賴喇嘛奉為觀音化身。本尊身顏潔白如月,頭戴五佛冠,發黑色結髻,中央二手合掌於胸前,捧有摩尼寶珠,右手持水晶念珠。左手拈八瓣蓮花與耳際齊,面貌寂靜含笑。全身花蔓莊嚴,雙跏趺坐於蓮花月輪上,身發極大五彩光,明朗照耀。圖為唐卡中四臂觀音寂靜像。

　　對於那些面具和繪畫(如唐卡)等沒有「內腔」的宗教藝術品來說,就要將經文咒語寫在藝術品的內面(如面具的內凹面)或反面(如唐卡的反面)。寫在藝術品內面或反面的通常是口奄、嘛、口牛和各種神名的縮寫,或者是祈請讚頌某特定神靈的咒語和頌文,也可以在藝術品的內面或背面印上大師的手印(如空白不夠可用指印)。在神佛像內腔聖物填裝完畢,或藝術品內面或背面的經文書寫完畢以後,開光儀式的準備工作即告就緒。

廣仁寺門前的裝藏塔。作為陝西地區唯一的一座藏傳格魯派寺院，廣仁寺位於西安明城牆內西北角，門口前的八座如來寶塔建於2008年，總高4.6米。八塔分別為：蓮聚塔（紀念釋迦牟尼降生時行走七步，步步開一朵蓮花）、菩提塔（紀念釋迦牟尼修行成正覺）、四諦塔（紀念釋迦牟尼初轉四諦法輪）、神變塔（紀念釋迦牟尼降伏外道時的種種奇跡）、降凡塔（紀念釋迦牟尼從天堂返回人間）、息諍塔（紀念釋迦牟尼勸息諸比丘的爭端）、勝利塔（紀念釋迦牟尼戰勝一切魔鬼）和涅槃塔（紀念釋迦牟尼入涅槃，不生不滅）。

開光的儀軌

在上面的開光準備工作完成後，便開始正式的開光儀式了，這種儀式有點類似於祈福的性質。不過它是在相應的儀軌文獻規定下進行的，需要經過念誦經文、背誦陀羅尼以及開光者使用一定的宗教法器作相應的動作等過程。雖然各藏傳佛教寺院的開光儀軌都有不同，但

蚌巴齊古塔。位於西藏山南地區措美縣西南方3公里處，大約始建於西元10世紀至11世紀，2006年，民眾修復時，在塔頂廢石中發現部分經文、苯教占卜、祭祀和藏傳佛教後弘期前期手寫珍本、孤本，各種古代藏文字體，唐代漢式唐卡等，其中吐蕃時期苯教文獻是西藏首次發現。

是具體的大步驟還都是一樣的。這裡以佛像的開光為例為大家作一介紹。

　　首先，由主法者先拿新毛巾向佛像做一個擦佛像的動作，說一首偈語，讚頌佛菩薩的功德，即開眼，這是表示要拂去我們眾生心地上的垢塵。之後再用鏡子向佛像正面對照，這表示垢除淨顯，明心見性，真正見到諸法的本來面目；繼而說幾句寺院、佛像完成的因緣；

然後主法者拿起朱砂筆，再說一首偈語，然後將朱砂筆向佛眼的方向作一個「點」的動作，大喊一聲「開」，這喻意是要開發我們眾生的內在的般若智慧。經過如上的一番儀式，最主要的開光算完成了。開光時，由於佛菩薩的功德不同，主法者所說的法也有所不同，一般主法者常常會提到為佛像開「六通」，即眼通、耳通、鼻通、舌通、身通、意通，讓佛像具有六種神通，點眼眼通，真見無所不見；點耳耳通，妙聞遍及十方；點鼻鼻通，普嗅法界諸香；點舌舌通，演說妙法無窮；點身身通，分身塵塵剎剎；點意意通，能鑒三世群機。這樣做的目的就是祈請造像中表現的神佛，能將恩澤與智慧灌注到新製成的造像中去（即所謂灌頂），灌注到祈禱者的腦海中去，從而使得含有神佛智慧的造像本身也持續向外施發恩澤智慧，並使神禱者、信徒通過祈求神靈造像獲得神佛的智慧。

現在有的佛教徒往往忘記開光的內涵，而偏重追求儀式的隆重，這是執事廢理；或者有人認為開光僅是一種儀式，沒有什麼實在的價值，這是執理廢事。這兩種現象，都屬偏見。佛法提倡事理圓融、事理無礙，所以我們在舉行開光儀式時，不要忘記這種儀式的內涵，不僅要開佛像眼，更要開我們眾生的心眼，開發內在般若

智慧，只有這樣，才能契合佛教的真意。

在佛像供放完成後，還要舉行安像慶贊活動。首先選擇吉日良辰和結界勝地，並設置伴蓋、幢幡、香花、水果、燈明等佛供，由身著莊嚴如法的阿闍梨起身入佛堂安像，並同弟子一起心觀想如來一切圓滿的法相。然後合掌作禮，瞻仰聖容，以淨香花等供於佛前，之後入定心，離疑念，誦咒三遍，請一切佛安住於此，作香花、燈、果、飲食等供養，然後，坐西向東安置佛像，並用黃布覆蓋。阿闍梨作如來真身諸相圓滿的觀想，並以「唵阿吽」三字安於佛之身上。把「唵」字安於頂上、「阿」字安於口上、「吽」字安於心上。如果是金、石、銅等佛像，則還要塗上香油，用草刷子刷乾淨，然後用歌舞妓樂讚頌，僧人焚香誦真言。再用盛滿香水和五寶五藥花果的淨瓶，灌浴佛像，僧眾齊誦偈贊，並作歌舞妓樂。若是畫像，要用鏡子照之，再以前述五種淨火塗於鏡，沐浴鏡中影像。再依次吟誦著衣真言、安耳真言、安髮髻真言、安指甲真言、安此須真言、獻塗香真言、安莊嚴真言等等，然後依灌頂儀規將佛像置入曼荼羅，誦本尊真言三遍。一切供養儀具足後，開眼師用筆作點姿勢，這是為佛像開眼之光明，再誦開眼光真言三遍。這時，佛像即已開光。誦完開眼光

真言後，令施主入曼荼羅，齊誦護摩真言、增壽真言、息災增益真言，使眾生普獲吉祥。這時，阿闍梨作教化施主結緣，施利增福的開示。之後，僧眾紛紛奉獻財物，祈求福德圓滿。當這套儀規全部完成後，即可收壇。

此外，一些比較重要的開光，在開光儀式結束後，還要由寺廟的僧侶繼續做祈福念經一周至一個月不等的時間，目的是請佛和菩薩的化身與般若智慧安住於佛像內。這樣才算一次完整開光的完成（當然，並不僅僅是為一件新的宗教藝術品舉行開光儀式，根據人們的意願，開光儀式也可以經常舉行）。

上面所敘述用聖物填充神佛塑像內膛的「裝藏」以及對應開光儀式細節，雖然不能說是供那些為宗教造像開光灌頂的人們所選譯的唯一方法。但是，它是釋迦牟尼佛指定的方法，在佛經以及印度大德對佛經所的詮釋中都有詳細的記載。時至今日，雖然開光儀式的規模可大可小，程式有簡有繁，但開光的基本儀式仍然保留著，並流傳至今。

> **開光**
>
> 　　開光在藏漢兩地的佛教都有存在，除顯密儀式的不同外，具體來說，它們也有各自的一些特點。漢傳佛教在開光更注重開光物的實用性，漢傳佛教的開光除去佛教內部的佛教物品開光外，更多的是會依信眾的要求對一些生活物品進行開光，這是漢地民眾信仰實用性觀念的延伸。而藏傳佛教開光更多的注重對佛教物品的開光，他們是把開光看作是一種追求人神合一境界的宗教感情。

　　當然，除了上述我們介紹的佛事活動儀式，另外還是施食、供養等佛教儀式儀軌在藏傳佛教佛事活動中也經常被使用，可以說豐富的藏傳佛教儀式共同構成了藏傳佛教佛事活動的地方化、民眾化、民俗化的基本內容，它們是藏傳佛教佛事活動內涵的核心。

第三章
藏傳佛教佛事活動的主要節日

　　佛教節日是佛事活動民眾化的結果，是佛教儀式生活化、民俗化的表現。藏傳佛教節日是藏傳佛教佛事活動在民眾基於實現了自我精神境界提升，更好實現人神溝通目的的廣泛參與下，而逐步形成了以諸多佛教儀式活動為主要內容、以較為固定日期的主要表現的宗教民俗節日。它是藏傳佛教佛事活動的重要外延，並與藏傳佛教儀式互為肌理的共同構成了藏傳佛教佛事活動的整體。本章我們將選取一些重要且在藏傳佛教中獨有的佛事節日，對藏傳佛教佛事活動的表現層次進行論說，以此使我們對藏傳佛教佛事活動有個更全面的認識。

第一節　傳昭大法會

　　傳昭大法會又稱為莫朗欽波節，是西藏最大的宗教法會節日。它於藏曆元月初三或初四至二十五日舉行，各地格魯派的寺院都會在這時間舉行為期十多天的法會

以示慶祝。此節日是格魯派創世人宗喀巴大師於一四〇九年在拉薩舉行的祈禱大會而延續下來的。在當時西藏帕竹地方政權的掌權人，明朝冊封的闡化王扎巴堅贊和內鄔宗（今拉薩西郊）宗本南喀桑布及其值班覺桑布的大力支持下，宗喀巴於一四〇九年的藏曆正月間，在拉薩發起了一個大型的祈願法會。從此聯絡藏傳佛教諸教派共同戮力，振興佛法，嚴守戒律，繼而籌集資金，將大昭寺的殿堂、佛像、法器、供物、幡幢、壁畫、修飾一新。宗喀巴本人還特意集金五百兩，為大昭寺覺臥佛像製作了五佛金冠，於是一切準備工作就緒。這一年，從各地來到拉薩參加法會的僧人有一萬多人，這是一次不分教派，不分地區的西藏佛教教德的大集會。之後每年，這一法會成為格魯派的固定活動，並在格魯派掌握西藏地方政權後，逐步發展成對整個藏區都有影響的重要宗教性節日。

　　這種法會節日以拉薩的傳昭大最為著名，節日期間，格魯派三大寺（沙拉寺、甘丹寺、哲蚌寺）將彙聚拉薩舉行不同的活動以示慶祝。具體來說，有藏曆正月十五日為紀念釋迦牟尼「顯示神通折伏外道六師」事蹟，在寺院及信眾家裡進行的擺花、添燈、觀燈活動。這天，拉薩大召寺周圍和八角街上將佈滿三十多處各類

花燈供品，每架供品都用牛皮雕刻著各種圖案，並用五彩調製的酥油塑造各種佛像、菩薩、天女、護法神王、人物故事、鳥獸花草及充滿民族特色的各種圖形，造形優美、千姿百態、栩栩如生。人們群眾會在這晚繞佛觀燈、載歌載舞、通宵在旦、徹夜不眠。這被認為是傳昭大法會中最熱鬧的一天。

大昭寺前廣場。又名「祖拉康」、「覺康」（藏語意為佛殿），始建於唐貞觀二十一年（647年），是藏王松贊干布為紀念尺尊公主入藏而建的，後經歷代修繕增建，形成龐大的建築群。

藏曆正月十九日或二十日，舉行的是「貝拉」大供奉，俗稱「天母節」。這一天拉薩三大寺的數千名僧侶會抬著吉祥天母佛像繞行八角街，拉薩市的市民會在這天都穿上節日的盛裝前來朝拜吉祥天母佛，以求吉利。

　　正月二十四日，將舉行由甘丹赤巴主持，哲蚌寺俄華札倉和布達拉宮朗吉札倉僧眾參加的育經及驅鬼儀式，屆時會有鳴放火銃、燃燒「朵瑪」、向拉薩河南遊行等活動。

八角街街景。平日裡的八角街各民族的人們在這裡人來人往，各自追求著精神和物質的家園。

甘丹寺。「甘丹」是藏語音譯，其意為「兜率天」，這是未來佛彌勒所教化的世界，它位於拉薩達孜縣境內拉薩河南岸海拔3800米的旺波日山上，距拉薩57公里，它是黃教六大寺中地位最特殊的一座寺廟，格魯派的創始人宗喀巴於1409年親自籌建的，宗喀巴的法座繼承人，曆世格魯派教主甘丹赤巴即居於此寺。

哲蚌寺。「哲蚌」是藏語，直譯為「雪白的大米高高堆聚」，簡譯為「米聚」，象徵繁榮，藏文全稱意為「吉祥積米十方尊勝洲」。它坐落在拉薩市西郊約十公里的根培烏孜山南坡的坳裡，是黃教創始人宗喀巴的弟子降央曲吉・札西班丹於西元1416年創建。圖為哲蚌寺錯欽大殿外景。

拉薩布達拉宮。布達拉宮俗稱「第二普陀山」，屹立在西藏首府拉薩市區西北的紅山上，是一座規模宏大的宮堡式建築群。最初是松贊干布為迎娶文成公主而興建的，17世紀重建後，布達拉宮成為歷代達賴喇嘛的冬宮居所，也是西藏政教合一的統治中心。整座宮殿具有鮮明的藏式風格，依山而建，氣勢雄偉。圖為夜幕燈光下的布達拉宮。

朵瑪。朵瑪為供養佛菩薩、本尊的食品，也可用以驅除惡靈邪魔。圖為青海黃南一藏傳佛教寺廟內供奉「朵瑪」的情形。

正月二十五日，大法會趨於尾聲，這一天參加祈禱大法會的僧俗們會自願購買加固河堤的石料，送往拉薩河上部河邊作為填補堤高、加固堤岸之用。同時還會舉行一些群眾性的賽跑等體育活動，十分熱鬧。

法會期間，寺院內部會舉行由格魯派三大寺僧人參加的拉然巴格西考試（一等格西，相當於現在的博士學位），每年錄取十六名，前七名將由甘丹赤巴親自率領踏街炫耀。而各地的信眾群也會前來拉薩佈施，他們認為這是免除災難、積累最大功德的一種舉動。法會中收到的佈施除用於法會的一部分開支外，剩餘的分給每個札倉和僧人，根據第位元僧人的地位，他們所得到的佈施也各不相同。

傳召大法會十年動亂時中斷有二十年之久。直到1986年西藏自治區政府恢復了傳召大法會這一節日。

第二節　酥油花燈節

酥油花燈節，藏語稱「美多卻傑」，是每年藏曆正月十五日，為了慶祝釋迦牟尼與其他教派辯論的勝利，在藏區各大寺院舉行的油塑藝術展覽，通常是用彩色酥油捏成的神仙、人物、花木、鳥獸的形象，並點燃

酥油燈進行祝福，這一習俗可追溯到松贊干布時期。當時唐蕃聯姻，文成公主進藏與松贊干布成婚，文成公主帶去的尊者釋迦牟尼像被供奉在大昭寺內。根據佛教傳統，用以供佛的物品有特殊規定。供花表示佈施，塗香表示持戒，獻淨水表示忍辱，薰香表示精進，奉飯食表示禪定，供燈表示智慧。因時值冬日，六供物之一的鮮花無從覓得，只好用酥油塑成一束花，供奉佛前。這成為藏地民眾製作酥油花的開始。後來，格魯派創始人宗喀巴學佛成功後，為紀念佛祖釋迦牟尼，於明永樂七年（1409年）正月在拉薩大昭寺舉行萬人祈願大法會期間，宗喀巴大師夢見了荊棘變成明燈，雜草化為鮮花的景象，他認為這是仙界在夢中的顯示。為了使眾生也能看到仙界，宗喀巴大師組織人用酥油塑成各種花卉樹木、奇珍異寶，再現了夢境，並連同酥油供燈奉獻在佛前。這一種活動沿襲至今，成為藏區固定的一個宗教節日（這一節日也有傳說是宗喀巴大師的成道日，家家戶戶在房頂上點燃無數的酥油燈並念經歌頌宗喀巴大師以示紀念，而發展來的）。

節日當天，西藏各地的僧俗民眾以及民間藝術師們會用本地盛產的酥油和藏式顏料，製作出精緻的酥油花，許多酥油花還以多個畫幅構成連環故事，講述藏民

族的古老傳說。在寺院裡也會舉辦跳神等歌舞活動，屆時跳神者身穿繡袍，臉戴面具，在藏式喇叭、嗩吶、牛皮鼓和鑼鼓的伴奏下，邊舞邊歌，以示歡慶。

圖為青海黃南隆務寺藏曆正月十五期間捏制的酥油花各種造型。

普通居民當天會到各寺朝佛祈禱誦經，並在居住的地方擺出用五彩酥油雕塑成的花鳥魚蟲和人物形象。入夜時，滿街將搭起各種花架，放上五顏六色的神仙、人物、鳥獸和花木等用彩色酥油捏成的形象，並點燃酥油燈進行祝福，老百姓們圍著酥油燈載歌載舞。其間還有木偶表演、對歌比賽等多種娛樂活動，青年人和兒童興高采烈，流連忘返，有時還會延後幾天才結束，這也被認為是藏區最熱鬧，最快活的節日。

等待上色的酥油花。

酥油花

　　青海塔爾寺的酥油花最為著名，被譽為塔爾寺藝術三絕之一。塔爾寺每年正月十五日展獻的酥油花，要在3個月前開始雕塑。先用麥草紮成骨架，然後將酥油染黑、用石塊搗砸均勻，成為柏油狀的黑酥油，用以塑造基本形體。之後，再經冰水長時間浸泡、揉搓，並調和各種顏色的酥油進行細部雕塑和上色勾描。塔爾寺酥油藝術的內容有花卉盆景以及《釋迦牟尼本生故事》、《文成公主進藏》、《唐僧取經》等連環故事。每年正月十五日在寺內展出，平時陳列在大金瓦殿對面山坡的原辯經院內。

　　拉卜楞寺的酥油花燈是分散製作的，嘉木樣大寺和各個學院都有準備，聞思學院的因明、般若、中觀、俱舍和戒律五大部十三個學級，每個班都要製作一架，其餘五個學院各囊欠（即住持堪布，寺院當家的意思）都參加。正月十五日晚，在大經堂周圍各自固定的位置上提前支好木架，然後將塑好的酥油花陳列其上，並在花前供奉酥油燈。展出後列出評比名次。

大昭寺的酥油花。左邊形象是藏王松贊干布,右邊形象是文成公主。

第三節　燃燈節

　　燃燈節,藏語稱「葛登阿曲」,在每年藏曆十月二十五日舉行,相傳是為了紀念宗喀巴大師的逝世而舉行的,節日為期1-2天。由於這一節日有在佛像前供奉饃、糖、鮮果等五種供品的習俗,因此這一節日又稱五供節。通常認為它是藏佛教格魯派的傳統宗教節日。

酥油燈器皿。多是用銅製成，器皿內放入酥油及燈芯便可成為一盞正式的酥油燈。

　　節日時，為了紀念宗喀巴大師的功德，格魯派所屬的各大小寺廟、各村寨牧民，都會在寺院內外的神壇上、家中的經堂裡，點燃酥油燈，舉行誦經、磕頭、供燈等隆重的祭祀活動，祭祀宗喀巴大師在天之靈，並祈願大師賜與善良的人們吉祥幸福。

　　婦女們會在這天穿上節日的盛裝，群聚在寺院內為宗喀巴大師誦祈願經，高誦「六字真經」，並向佛的神靈祈願、磕頭。各村寨的男人們會騎上馬，帶上準備

好的柏香、樹枝，到村旁的神塔前，高誦禱詞，舉行盛大的煨桑儀式。並向天空拋撒有獅、虎、龍、鵬的「龍達」（又稱風馬，漢族俗稱其為經幡，多用以寓指人的氣數、命運、五行。典型的風馬幡是長方形或正方形的五彩布幡或紙幡，五種顏色和上繪的五種動物分別對應金、木、水、火、土。中央的馬代表士，賓士的馬背上馱有佛、法、僧三寶。右上方的動物是鷹或大鵬鳥，右下方是獅子，左上方是天龍，左下方是紅虎。風馬幡以五行的循環往復表示生命的經久不衰。龍達常插在屋頂、房頭、堤岸、山頂、祭台等高處）。之後，年青的騎手會為寺院的僧人們和全村寨的人們，表演馬術。下午，男女青年們會跳起「鍋莊」、唱祝願歌，老人們會坐在看臺上邊喝酒、聊天，邊看說唱的藝人們說唱藏族民間長詩、格薩爾王傳等故事。

晚上，藏區的寺院和居民家屋頂均要點亮無數盞酥油燈，在佛塔周圍、殿堂屋頂、窗臺、室內佛堂、佛龕、供桌等，凡能點燈的臺階上點一盞酥油供燈，佛堂內供一碗淨水，把佛塔、殿宇、佛堂、屋子照得燈火通明，虔誠誦經，以示紀念宗喀巴大師。遠遠眺望，一盞盞供燈猶如繁星落地，把夜空照得通亮。信眾們也會這時再來轉經，並將手持的桑枝投入寺內的香爐，祈祝神

佛為自己帶來好運，來年風調雨順。直到圓月升起，人們才扶老攜幼，高唱誦念「六字真經」愉快散去。

供燈。圖為陝西省廣仁寺燃燈節後，僧人和義工合影留念的場景。

玉龍山下懸掛的經幡。隨風招展，在傳遞神聖的同時，又為高原增添了無數色彩。

殿前供奉的燈與花。圖為日喀則市薩迦寺大殿內民眾供養的燈與花，寄託了人民美好的嚮往和期待。

　　在康定，人們將「燃燈節」稱之為「元根燈會」。相傳，羅桑格勒所建的安覺寺竣工時，選擇燃燈節這天舉行開光典禮。當時所需千供（花、香、燈、水，食物等各滿千數的供品）的銅、銀質燈盞不夠，於是便將本地盛產的元根（蕪菁）中心剜空，插燈蕊，倒融酥，製成元根燈供佛，解了燃眉之急。當晚，佛殿內外的供桌上、門廊、牆角等皆佈滿了元根燈。信徒們扶老攜幼，手提元根燈、供燈前來參加燈會。寺廟裡外人山人海，觀燈、拜佛，熱鬧非凡。從此，康定「燃燈節」就被稱為「元根燈會」，成為沿襲至今的獨具康定特色的藏族傳統節日。這一日康定的幾座黃教寺院都要舉行法會，

擺酥油花,燃元根燈供佛。信徒們除在家供燈外,還會參加登跑馬山,敬燈油等活動。

第四節　雪頓節

雪頓節是西藏最大的宗教節日之一,在藏語中「雪」是優酪乳子的意思,「頓」是宴的意思,「雪頓」節就是吃優酪乳的節日。因此,雪頓節的意思是「優酪乳節」。現在,雪頓節以拉薩地區最具代表性,節日期間主要有哲蚌曬佛、藏戲表演和逛林卡等活動。

雪頓節時的展佛活動。圖為雪頓節期間在甘丹寺展出的釋迦牟尼像,遠遠望去,場面蔚為壯觀。

大昭寺門外的經杆。該經杆稱為「喬塔欽」，意為「佛的經旗杆」。相傳是7世紀中葉，藏王松贊干布發「歡喜心」，為迎接釋迦牟尼佛像到拉薩而豎立的。

　　雪頓節起源於西元11世紀中葉，那時雪頓節是一種純宗教活動。民間相傳，佛教的戒律有三百多條，最忌諱的是殺生害命。由於夏季天氣變暖，草木滋長，百蟲驚蟄，萬物復蘇，其間僧人外出活動難免踩殺生命，有違「不殺生」之戒律。因此，格魯派的戒律中規定藏曆四月至六月期間，喇嘛們只能在寺院待著，關門靜靜地修煉，稱為「雅勒」，意即「夏日安居」，直到六月底方可開禁。待到解制開禁之日，僧人紛紛出寺下山，世俗老百姓為了犒勞僧人，備釀優酪乳，為他們舉行

郊遊野宴，並在歡慶會上表演藏戲。這就是雪頓節的由來。

藏戲滲入到雪頓節的初期，是宗教活動和文娛活動相結合的開始，但範圍仍局限在寺廟內。先是以哲蚌寺為活動中心，故人稱為「哲蚌雪頓節」。五世達賴從哲蚌寺移居布達拉宮後，每年六月三十日的雪頓節，也總是先在哲蚌寺內進行藏戲會演，第二天到布達拉宮為達賴演出。十八世紀初羅布林卡建成後，成為達賴夏宮，

羅布林卡格桑德吉頗章。該頗章為平頂菠式兩層樓建築，1926年興建，1928年竣工。一層是十三世達賴喇嘛的金銀庫，二層是接見貴賓的五臺山琶盛畫。殿內木雕圖案運用了許多漢族典型的傳統因案，是一座極具明文化融合的宮殿。

於是雪頓節的活動又從布達拉宮移至羅布林卡內，並開始允許市民群眾入園觀看藏戲。這以後，雪頓節的活動日趨完整，形成了一套固定的節日儀式。

因為表演藏戲在雪頓節佔有重要的地位，因此，雪頓節又被叫作藏戲節。傳統上雪頓節的藏戲有十二個劇團參加。它們分別是來自山南瓊結的「賓頓巴」和「如涅娃」、乃東縣的「札西雪巴」、尼木縣的「塔中瓦」和「林珠崗」、堆龍德慶縣的「朗澤瓦」等六個白面具劇團，歷史非常古老，代表著古老的藏戲流派。昂仁縣的「迴巴」、仁布縣的「江噶爾」、南木林縣的「香巴」，加上最早形成於堆龍德慶縣、後來以拉薩為基地的「覺木隆」劇團被稱為新派四大藍面具劇團。此外，還有拉薩曲水縣協榮地方的「仲孜」劇團及工布地方的「卓巴」劇團。藏戲是雪頓節最精彩最受觀眾歡迎的表演。

通常，藏曆的六月二十九日清晨藏戲團體以札西雪巴第一、迴巴第二，之後按江嘎爾、香巴、覺木隆、塔中瓦、林珠崗、朗澤娃、賓頓巴、若捏娃、仲孜、卓巴的順序，相繼到布達拉宮左右相對的兩個大門口演出「諧潑」，即表演各團體的傳統開場儀式。然後十二個團體一起到布達拉宮白宮頂德陽廈大平臺上去集體上演

「諧潑」，並進入羅布林卡，在露天戲臺上表演「諧潑」。藏曆六月三十日，舉行傳統的「哲蚌雪頓」。這一天也是哲蚌寺浴佛的日子。幾百個青壯年喇嘛會把數十丈高大的佛像大唐卡，在宗教樂隊的伴奏下，一字長蛇陣地抬到寺院西北邊的陡斜的後山崖上自上而下地鋪掛開，供數以千萬的僧俗群眾瞻仰禮拜。十二個藏戲團按照傳統儀式，需要相繼在大唐卡像前和札西康莎兩地演「諧潑」，然後開始正式戲劇的演出。六個白面具的團體一般都演《諾桑王子》片斷，尼木的塔中瓦、林珠崗一般演《朗莎雯蚌》或《文成公主》片斷，覺木隆演《卓娃桑姆》、《蘇吉尼瑪》、《白瑪文巴》三個輪換上演劇碼的片斷，江嘎爾演《諾桑王子》、迥巴演《頓月頓珠》片斷，香巴演《文成公主》和《智美更登》兩個輪換上演的劇碼片斷。七月一日，十二個團體在羅布林卡露天戲臺上進行聯合演出；七月二日，在羅布林卡由四大藍面具派戲班輪流作正式獻演；七月三日至六日按規定由迥巴、江嘎爾、香巴、覺木隆四大團體輪流在羅布林卡露天戲臺上，演出一整天自己拿手的、也是被規定的傳統劇碼整本戲，迥巴演《頓月頓珠》，江嘎爾演《諾桑王子》，香巴演《文成公主》或《智美更登》，覺木隆演《卓娃桑姆》或《蘇吉尼瑪》或《白瑪

文巴》。七月七日將由札西雪巴在羅布林卡露戲臺上舉行一天的演出活動，主要演一段《諾桑王子》正戲片斷，並表演白面具派的開場儀式「甲魯溫巴」和「札西」結束儀式，以表示對雪頓節主要的中心活動圓滿結束進行歡慶祝福，祈賜吉祥。之後各團體紛紛到拉薩城區各處演出，叫「拉薩雪頓」，這一段演出，一般都是拉薩城區的各機關、寺廟、個人請自己喜歡的團體去進行的，各團體的女演員也可以同男演員一起出場表演。在這些地方，藏戲隊不僅演規定的劇碼，而且還能演其他劇碼。近些年來，拉薩地區雪頓節的的藏戲表演除傳統的藏區藏戲劇團外，也有青海、甘肅、四川、雲南等省的藏戲劇團來到聖城拉薩切磋戲藝，交流表演。

在演出藏戲期間，人們在觀看藏戲演出的同時，也會三五成群，老少相攜，背著各色包袱，手提青稞酒桶，湧入林卡內，搭起色彩斑斕的帳篷，在楊樹下，草地上，河畔溪邊鋪上卡墊、地毯，擺上各種酒和果酒、菜肴等節日食品，在帳篷內狂歌暢飲，玩著諸如藏棋、藏牌等遊戲自娛自樂。商業部門會把各種物資和節日食品運到林卡內，擺攤設棚，供應遊人。許多文藝團體也來表演民族歌舞，以此助興。通常下午時，各家會串門作客，這時，主人需向客人敬三口一杯的「標準聶達」

酒,在勸酒時,唱起不同曲調的酒歌,在各帳篷內,相互敬酒,場面十分熱鬧。

第五節　薩迦寺冬季大黑天法會

西藏薩迦寺冬季大黑天法會為期7天,從藏曆十一月二十三日到二十九日舉行,由薩迦大成就者貢噶仁欽大師首創。據載貢嘎仁欽童年時,薩迦寺遭遇到一次重大的挫折。當地拉孜宗宗本為了擴大自己的勢力範圍,派出軍隊佔領了薩迦寺,八歲的貢噶仁欽連夜出逃。在

冬日雪景下的薩迦寺轉經回廊。

外十年後，十八歲時他得到江孜法王和仁布首領的支持和幫助，打敗了拉孜宗宗本，繼承薩迦法王王位，在莊嚴隆重的坐床大典上，僧人們表演了以薩迦寺的三大護法神「依當傑多」、「赤列普巴」、「戳波」為主體，配以「吉巴」、「培妹」、「阿巴」、「格濃」、「布赤」、「吉窮」、「吉青」等各種規模龐大的羌姆神舞。神舞結束時，當地群眾還舉行了盛大的遊行，以示消除拉宗巴帶給的災難和薩迦王朝權力的再次復興。後來，為了紀念戰勝拉宗巴以及慶祝薩迦法王坐床，這一日子逐步發展成為薩迦寺重大的傳統節日。法會七天，每天都會進行包括祈禱大黑天傳承上師、供曼札、修喜金剛本尊、讚頌、會供、回向在內的十三項傳統的宗教儀軌，而最具群眾參與性的活動是在這其間按照傳統儀軌在護法神殿迎請十一尊護法神像及在寺院廣場表演的巨型大黑天面具舞活動。

大黑天

大黑天，梵名Mahākāla，漢譯為瑪哈嘎拉、馬哈哥剌、麻曷葛剌、馬哈剌、嘛哈噶喇、摩訶葛剌等，又稱大黑天神或大黑，是藏傳佛教最重要的護法神之一。藏傳佛教中的大黑天護法屬出世間護法，形像眾多，據《西藏的神靈和鬼怪》一書的統計，大黑天護法至少有75種。常見形象為二臂大黑天，一面二臂，頭戴五骷髏佛冠，鬚髮紅赤上揚，身藍黑色，右手持金剛鉞刀，左手持顱器，兩手捧杖刀，刀內隱有神兵無數；四臂大黑天，身青藍，持杵、劍、戟及嘎巴拉，有雙身相者；六臂大黑天，有黑、白等；黑色六臂大黑天，手持鉞刀、小鼓、人骨念珠及顱器、三叉、金剛繩；白色六臂大黑天，手持摩尼寶、鉞刀、小鼓及三叉、顱器等。

通常迎請大黑天護法神像前，要舉行盛大的迎請活動。首先，會由四五個戴面具的小童先沖出來跳布札（驅鬼），之後是五十五名青壯年，以每五人一組的形式手抬一尊神像跳金剛舞。按慣例，選表演犛牛舞，每頭犛牛軀體裡，藏著五個人，一個支撐頭，四個各支撐一條牛腿。它們在舞場上搖頭擺尾，晃蕩著，歡蹦著，不斷掀起高潮。舞蹈中的武士一般不由喇嘛扮演，而是由寺廟周圍的青壯男子擔任，他們個個頭戴盔帽，身披

薩迦寺。薩迦寺坐落於西藏自治區薩迦縣奔波山上，是藏傳佛教薩迦派的主寺。西元1073年，由吐蕃貴族昆氏家族的後裔昆‧貢卻傑布所建。圖為從站在薩迦北寺遠眺薩迦南寺的情景。

薩迦經牆。薩迦寺內的經書牆有800多年歷史，高10米、長60米，經書約有8.4萬卷。被譽為世界上最大的經書牆，有「第二敦煌」的美譽。

鐵甲，手持刀矛，腰掛弓箭，雄赳赳、氣昂昂，威風八面。

之後，大黑天護法神像面具才被迎請出來，面具一般高達兩米，通常由一個人肩扛，旁邊兩個人幫扶，面具猙獰畏怖，兇猛異常，是一座座移動的巨像。在高大護法神的周圍，是比丘、咒師、魔女和武士組成的四大方陣，以突顯儀式的規模宏大和氣氛威嚴。迎請護法神過程中，全體僧眾要唱誦護法經，燃香、供酒，執彩幡，吹法號和各種法樂。法會尾聲，還要焚化五個一人

望果節前，薩迦寺僧人到田間祈禱糧食豐收而舉行法式活動的場景。

多高的巨大朵瑪。火光沖天，火槍鳴放，呼喊聲，祈禱聲傳遍四面八方，顯示冬季法會在勝利成功中圓滿結束。

薩迦大黑天法會最後一天，通常也是薩迦新年，民間俗稱堆慶節。這一天來自薩迦附近縣市和安多、康巴地區的藏族百姓，身穿節日盛裝，舉家來到薩迦，在仲曲河邊的壩子上，觀看一年一度的堆慶節祈福大法會。從早到晚，這裡萬眾雲集，法號轟鳴，各種祥瑞降臨，殊勝無比。

冬季大法會發展到今天，已不是單純的宗教活動了。冬季法會結束之後，照例會舉行七天的集市貿易活動，薩迦地區的農牧民和來自拉薩、日喀則乃至國外的商人，紛紛趕到這裡出售土特產品，購進生活物資和生產物資，滿足各自的需要，形成了薩迦一年一度傳統的、規模巨大的「沖堆」（物資交流會）。「沖堆」集會上，還會有群眾自發舉行的一些遊藝活動，這已成為薩迦冬季大法會的一個重要有機組成部分。

第六節　札什倫布的夏季法會「西莫欽布」

每年的藏曆八月，札什倫布寺都要舉行隆重的夏

季法會「西莫欽布」，日喀則地區附近的僧俗民眾在這時都會聚集札什倫布寺，觀看法會的神舞羌姆（又稱金剛神舞，通俗的說法叫「跳神」。這是藏傳佛教喇嘛們表演的宗教舞蹈。它是一種密宗儀軌，只有在特定的時間、特定的地點，由經過密宗灌頂的特定僧人才能表演。它是宗教教義與舞蹈藝術相結合的佛事活動，目的是酬神、娛神。）來祈福去災。

札什倫布寺。什倫布寺意為「吉祥須彌寺」，全名為「札什倫布白吉德欽曲唐結勒南巴傑瓦林」，意為「吉祥須彌聚福殊勝諸方州」。它是西藏日喀則地區最大的寺廟，位於日喀則市城西的尼瑪山東面山坡上。札什倫布寺為四世之後歷代班禪駐錫之地。

西莫欽波

　　西莫欽波，由七世班禪丹白尼瑪於西元1846年創立，開始在日喀則東郊的貢覺林卡（園林）舉行，那是歷世班禪大師夏日的駐錫地。據說那時，節日內容很多，跳羌姆、演藏戲、表演雜耍、技藝、歌舞活動，往往延續半個月之久。1954年，年楚河漲大水，貢覺林卡宮殿神堂被沖毀，西莫欽波節移到日喀則城西德欽頗章宮舉行。1976年，第十世班禪大師親自主持恢復了西莫欽布節和羌姆表演，很快成為後藏最引人注目的宗教藝術盛會。因為原先的演出場地過於偏狹，十世班禪又倡建了金剛神舞院，並將法會活動縮短到三天。第一天是大黑天的助手乞醜巴納為主神的羌姆，第二天是具誓閻王唐青曲傑為主神的羌姆，第三天是遊藝娛樂活動。

　　通常，在「西莫欽布」羌姆表演前，首先由十幾位身穿絳紅袈裟，肩披醬色披風，頭戴雞冠形僧帽（孜夏）的高大喇嘛，扛著八面旗幟（八面旗幟，代表札什倫布寺的八位護法大神，黑旗代表大黑天六臂怙主，白旗代表保護神青嘎瓦，藍旗代表吉祥天女班達拉姆，紅旗代表紅面獄主姜森，黃旗代表北方天王財神朗色，另外三面旗，分別代表寶帳怙主（黑色）、白色怙主（白色）、四面怙主（黑色）。這些護法大神親臨舞場，使

整個羌姆更具權威性和神秘感）魚貫而出。他們來到露天舞臺中間，很有氣勢地將旗幟展開，用木叉支架插於舞臺兩側。每樹一旗，喇嘛們揚撒糌粑，觀眾高呼「曲曉」（神勝利了）。出旗後，再登場樂隊，喇嘛樂師們會繞場一周，然後在舞臺西側秩序井然地就坐。樂廊中間立一法壇，法壇上坐著護法僧院導師、羌姆總監，他手持鈴杵，口念經咒，微微示意，之後在號音大作中，羌姆表演正式開始。

通常第一個出場的是一位漢僧打扮的老和尚領著六位小和尚。老和尚頭戴大面具，慈眉善目，步履蹣跚，臉上樂呵呵地笑著。六位小和尚，頭戴胖頭娃娃面具，顏色有紅有黃有藍，伴著打擊樂的節奏，摹仿種種勞動動作，顯得憨厚可愛。接下來的舞蹈稱為「夏吉雅尼」，由一位鹿神和一位犛牛神表演。他們身穿彩緞戰袍，鹿角和牛角上披著長長的哈達。左手持盛血的顱器，右手拿金剛鐲，在法號聲中，矜持而舒緩的起舞，很有派頭。接著是四個全身骷髏白骨的鬼物，以極快的速度迴旋舞蹈而出，舞過通道，舞下臺階，在觀眾面前任意翻蹬，隨心蹦跳，呼嘯奔跑，又略帶一些恐怖。之後又是一組光頭、赤腳的骷髏鬼物進行揮舞花棍的表演。

藏傳佛教羌姆舞中的白色山神面具。和藹可親，顯示了這一形象和藏族民眾的親近。

第三章 藏傳佛教佛事活動的主要節日

藏傳佛教羌姆舞中的藍色吉祥天母面具。面露猙獰，是藏傳佛教密宗精神的體現。

藏傳佛教羌姆舞中的黃色財神面具。圖為安多地區的財神表演面具形象。

經過幾場輕鬆活潑的表演之後，器樂會變的低沉，舞臺氣氛也開始變的凝重，十六位密法咒師，以莊嚴緩慢的舞步進入舞臺。他們頭戴黑色圓帽，帽檐下眼神森森；身穿寬大的黑袍，前胸後背也有許多眼睛。一支致敬隊奏著熱烈的樂曲，繞場半周來到咒師們面前，敬獻摻有五種金銀粉末的金酒，向天空和大地拋灑祭祀本尊護法諸神，召請他們降臨神舞場。黑帽咒師退場後，八個阿札那出來表演。他們高鼻深目，髭胡捲曲，頭纏彩巾，重現古印度修行者打扮。這段羌姆是表現古代印度僧人在西藏傳播佛法的情形。

　　中午的休息時間，觀看者都會分散到附近的樹林裡野餐，下午第一場演出乞醜巴納神舞，他是大黑天六臂怙主的助手，宗喀巴大師的護法，也是羌姆的主神。因為他的出場，整個樂隊音量都大大增加。他身穿黑色戰袍，滿身披掛骨飾，頭戴面容威猛的黑色大面具。他由兩個僧人攙扶著在舞臺中時進時退，左轉右旋。八個持刀的猛神揮刀狂舞是他的隨從。之後由一個白面具神和一個黑面具神演出，雙方亮出拳頭大的骰子，在舞臺上進行賭博，結果白勝黑負，致敬隊向白神獻哈達祝賀勝利。

　　最後一場是札什倫布寺的土地護法神和四位神祇的

表演，土地護法神以一位頭戴金冠身披白袍的王者面目出現。四名神祇，一位面目兇猛、持板斧、披虎皮裙的紅色神是他的開路將軍；另外三位面具、服裝都與土地神酷似，他們是土地神的明妃、王子和大臣。

每場羌姆之間，都會出現兩位滑稽人物即興表演，逗得觀眾捧腹大笑，使全場氣氛非常活躍，一般是一個是老頭兒和一個是老太婆。他們頭戴布制立體面具，怪模怪樣腰系馬鈴，走起路來叮叮噹當響的不停。傳說他們是日喀則東郊貢覺林卡地方土地神的化身，他們的串場表演被認為有可使眾生具有吉祥圓滿，長壽安寧的功德。

羌姆臨近結束時，要斬殺糌粑製作的人形林嘎，將節日氣氛推上高潮。出場的會有兩位神，一紅一黑，光頭赤膊，掛巨大的白色耳環，獠牙森森，容貌兇猛。紅面神捆住林嘎，黑面神掄起板斧砍向林嘎，直到砍得七零八落，飛濺四方。第二天羌姆中，砍殺林嘎者，除了上面兩位，還有掌管雪域黑頭藏人生死禍福的孜瑪熱大神，合稱「孜瑪熱三眷屬」。

林嘎砍碎後，一隻飾演的小鹿跑上來，踩著號音鼓點，隨意起舞，蹦跳自如，在跳到林嘎旁邊時，單腿跪下，雙手叉腰，連連甩動犄角，把林嘎拋向四面八方，

不少人把碎塊揣進懷裡，帶回去進行供奉。小鹿被認為是拉莫強久巧寺善像梵天的化身，他拋擲林嘎被認為是解脫有罪的靈魂，使之走上天堂之路。小鹿由小喇嘛扮演，活潑機靈，招人喜愛。

羌姆舞蹈結束後，還將舉行焚化「多瑪」（多瑪是糌粑製成的施食，半人多高，有點像帶觸角的巨型水雷，上半部塗成紅色，表示火焰；下半部塗成黑色，象徵威猛。多瑪在藏傳佛教中被認為是解脫惡念的辦法，焚化多瑪是為了使罪惡的靈魂解脫惡緣，歸於善趣，升入天界，是無尚功德的體現）的儀式。焚化多瑪在金剛神舞院外舉行，數以百計的僧人，包括剛剛卸裝的喇嘛演員，以護法神大纛為前導，擊鼓吹號，抬著巨大的多瑪走出神舞院，來到已經搭好的有數人高的青稞草屋旁，擺好多瑪。大喇嘛做手印法後，眾僧趁勢將多瑪扔進草房，灑油點火，大火熊熊燃起，火光直沖天際，格外壯觀。隨著狂熱的歡呼，多瑪被焚燒了，象徵惡運消除，幸福普降，吉祥歡樂的歲月將世代長流。

第七節　沙拉寺金剛橛節

每年藏曆十二月二十七日，這一天信眾紛紛來朝拜

沙拉寺傑札倉主供之一金剛橛本尊神的法器——伏藏傳承的金剛橛。這就是沙拉寺最著名的宗教活動「金剛橛朝拜節」。

> **沙拉寺**
>
> 　　沙拉寺是拉薩三大寺之一，沙拉寺全名為沙拉大乘洲，位於拉薩北郊的烏孜山南麓，由於寺院周圍山坡上長滿一種低矮的灌木「色瓦」，其葉片細小且呈灰綠色，平時很不起眼，但每年的四五月份，它便爆發出所有的能量，每條枝幹上都開滿鮮豔的紫色花，開得肆意而絢麗，株株連在一起，整個山坡都爛漫多姿，燦爛無比，沙拉寺便由此而得名。該寺由宗喀巴大師的弟子釋迦也失於西元1419年建造，寺院依山而建，規模宏大，占地面積11.5萬平方米，其中措欽大殿、麥巴札倉、阿巴札倉、傑札倉是寺院的主體建築。

金剛橛是密宗無上瑜伽本尊及其修法和法器，蓮花生大師傳出金剛橛修法，形成了許多傳承，沙拉金剛橛朝拜節朝拜的是伏藏傳承的金剛橛。藏傳佛教認為金剛橛對外可以降伏怨敵、祛除魔障，對內可以斬斷制約五毒煩惱，甚至還有消除自然災害、控制氣候等如海般廣

大的功能,並且每年只有一次賜福加持的機會。因此不但廣大信教群眾趨之若鶩,寺院裡也是異常重視。

> **金剛橛**
>
> 　　金剛橛由三棱錐狀的刃部和把柄兩部分組成,把柄的最末端也即連接刃部的是大鵬金翅鳥,代表具有降伏妖龍控制氣候的神力;中部是代表佛的空性、智慧的金剛杵;最上端是馬頭明王。在藏傳佛教中,金剛鐝是一種威力非凡的法器,也是諸佛事業的化身,同時又是密教無上瑜伽本尊神及一種修煉法門。金剛橛於外可以降伏怨敵、袪除魔障;於內可以斬斷制約五毒煩惱;甚至還有消除自然災害、控制氣候等如海般廣大的法力。

藏式金剛橛。

節日當天，為了使信徒們能安全有序地進行朝拜，寺院僧人會在前幾天就開始行動，修柵欄、砌圍牆，改變並延伸平時的朝佛線路，將一條蜿蜒曲折又暢通有序的排隊線路準備妥當。從凌晨起，全寺僧人首先要請出傑札倉主供的大密馬頭明王雙尊和金剛橛本尊金繡唐卡像，以及金剛橛本尊的法器伏藏金剛橛，由寺院裡唯一一位最具威望最有資歷的活佛，坐在為此活動專門修築的高高法臺上，帶領眾僧在威嚴的法號聲中，舉行一系列莊嚴隆重的供奉儀軌，直到儀軌完成，才可開始給廣大信眾除障賜福。

寺院外，虔誠的信徒們從半山腰的傑札倉佛殿門口，沿著山勢，順著路向，綿延不絕的隊伍彎沿曲折地穿過沙拉寺，一直延伸到娘熱北路。人們摩肩接踵，排成了萬人長隊，一直持續到第二天凌晨三四點，只有所有到場的人都得到加持賜福後，活動才能結束。每年都會有數萬人參加，為了保障廣大信徒安全有序地進行朝拜活動，除了寺院裡所有的僧人都出來外，還要動用地方民警、交通警察以及治安聯防隊員來維持秩序。

第八節　「娘乃」節

「娘乃」為守饑行，禁食齋，是一種以禁食苦行的齋戒儀規，「娘乃」是藏語音譯，通常在藏曆四月，從四月十四開始到四月十五日結束，所以「娘乃節」也叫「四月會」。相傳，釋迦牟尼在農曆四月十五日降生、成道、圓寂，因此娘乃節在藏傳佛教中被認為是為紀念佛祖釋迦牟尼而舉行的節日。

通常情況下，在距離娘乃節還有七天時，信眾們就會忌吃蒜、韭菜、蘿蔔等氣味濃烈的食物。至藏曆四月十四日淩晨，藏區每個村莊的群眾就會聚集在嘛呢房，一起傾聽高僧活佛的祈願詞，聽完後集體念誦六字真言——「噢嘛呢叭咪吽」。因此，這一天無論走到哪一個場所，都有「噢嘛呢叭咪吽」的聲音，人人都在心中默念著，企求所願成就，解脫苦難，超度罪惡而成佛。中午時，每個村莊都會吃齋飯，齋飯由集體出資，有奶茶、饅頭、優酪乳、米飯。每家一般可得三份齋飯。一份是給家中閉齋的人，一份是孩子們的，一份是屬於全家的。吃了齋飯，男女老少到寺院去轉經輪，朝拜佛祖聖像（守戒的人這一天全天只能吃午餐，下午太陽落山

后可以喝些清茶）。四月十五日，不閉齋的人，大都到寺院去轉經輪，念真言；閉齋的人，在這一天要不進餐、不喝水、不說話，他們或獨自轉經輪，或到僻靜處去靜坐，等太陽落山后才回家，待十六日早晨喝「脫爾頭」，意即「早齋」，摻牛奶的麵糊，而後清水淨口，這時才可開口說話，也可進其他食物，至此一場娘乃才算結束。

　　節日期間，婦女們會把頭髮洗梳成幾十上百個小髮辮，等到四月十四日這天，穿上盛裝，佩戴琥珀、珊

節日時藏族婦女的著裝。圖為青海一地藏曆新年藏族婦女盛裝等待集體出遊的情形。

瑚、瑪瑙作成的項鍊和髮飾，打扮得漂亮至極，顯得格外引人注目，然後再去繞寺轉經輪，這也被認為是這一節日的一大特色。

藏族認為「娘乃節」是最大的吉日，在這一天，做一件善事等於平常做善事的千百倍多，這一天念一遍六字真言等於平常念的三億遍，行善積德也是如此。因此，每年的「娘乃節」成為廣大藏區的僧俗群眾宗教心靈得到一次聖潔洗禮的重要時刻。

當然，守娘乃（即齋戒之意）並非只限於娘乃節，而是隨時都可以進行。虔誠的佛教徒每逢初一、初八、十五、三十日都會如此。孝順的子女每逢父母亡期、辦喪事的人家、或在亡人的七七期內，家人也受做守娘乃的行為。拉卜楞地區一年中有兩次娘乃節，即農曆四月十五和九月二十二日。

如今的娘乃節已由起初一個道道地地的佛事活動演變為一種帶宗教色彩的民族節日。節日期間，全村歡聚一堂，氣氛很是熱鬧，這也極大地豐富了藏區群眾的生活內容。

節日期間人們出遊的場面。如今的節日出遊在保持傳統的同時，又加入一些現代的成份。

第九節　亞爾尼節和七月勸法會

　　亞爾尼節即藏傳佛教的夏安居，它通常從陰曆六月十五至七月三十，歷時四十五天。在這段日子裡，寺廟僧人將舉行在寺裡閉關修行、誦經、辯經等活動，並由此發展為有廣大群眾參加，以聽辯經弘法、欣賞勸法法舞為主要內容的「七月勸法會」。

　　七月勸法會是格魯派創始人宗喀巴大師的弟子嘉樣卻傑首創，目的是紀念護法神和法王。法會從六月二十九日開始，七月十五日結束，共十七天。通常，講法辯經是勸法會的序曲，集中在六月二十九日、三十日兩天進行，由大法台與各學院的法台（每年只允許一個學院

甘肅夏河拉卜楞寺。圖為拉卜楞寺寺廟建築外觀，據載七月勸法會是由嘉樣卻傑該寺後，創立了這一法會的。

的法台參加）進行辯論。辯論時，該學院「格西」跟隨法台一同參加。頭一天大法台講述，由學院法台提問，大法台對答，第二天則調換位置，由大法台提問，學院法台對答。勸法會的序曲帶著濃郁的表演與示範色彩，意在向僧眾們昭示，要想當法台，就必須要有高深的學問，且吃苦鑽研的求學精神。

從七月初一開始正式的辯經講法，每天上午進行。參加辯論的一般是各年級學業優勝者以及有地位的活佛，還有本年度「然江巴」學位的獲得者。每位參辯者知道了自己辯經的日期後，就在前一天前往各個經堂、佛殿，在各大佛像前獻花，祈求佛祖保佑，祝願自己取得好成績，祝福辯經講法順利、成功。

七月初八，「米拉勸法」表演把法會推向頂峰。表演開始時，首先進入場地的是「阿雜然」。「阿雜然」年輕瀟灑、幹練精明，他身著印度瑜珈咒師式的服飾，頭戴螺紋帽，鬼面，有彩色鬍鬚，右臂繫紅色彩帶，手執黑白相間的六尺花棒，進場揮舞一陣，算是探路掃場。隨即另一位與他打扮相同的「阿雜然」，引領兩頭白身綠鬃獅子出場。他手執繡球和彩帶，領著兩頭獅子翩翩起舞，向賢士聖哲獻花致意。「阿雜然」和獅子舞後，鼓跋齊鳴，兩名土地神出場。土地神頭戴黃色遮

帽，白項，白鬍鬚，手持旗幟，腰纏繩圈，繩圈上吊著三十來條黑白扭纏的短繩。他們在場內急速旋轉，腰間繩條如花傘撐開，旋轉數圈後，即繞場撒青稞，象徵著未進食前先敬神，以此表白誠心，這些都屬於打場程式。

打場完畢，身背經匣的兩僧人出場為米拉日巴誦經祝福。之後兩名「阿雜然」出場，在場心擲果子和鮮花，表示普度眾生。兩名土地神在「阿雜然」退場後，引著米拉日巴出場。米拉日巴身前背經卷，手持錫杖，繞場一周，然後坐在已備好的椅子上。

接下來，兩名童子出場舞蹈，表演各種作踐幼蟲生靈的動作。米拉日巴施法傳教，兩童子被調伏歸正。接著，翻穿皮衣、項掛念珠、腰別寶劍的措夫貢保多吉出場（兩人，一個象徵真身，一個表示魂靈）。貢保多吉追殺小鹿，追到了米拉日巴跟前。之後是兩人激烈辯論，這被認為是勸法法舞中最吸引教民的情節。經過米拉日巴的苦心教化，措夫貢保多吉終於醒悟，知道自己罪惡深重，他跪拜在米拉日巴膝前，皈依了佛門，從此結束了獵人的生涯，法會表演到此結束。「米拉勸法」表演當天，前來拜佛、觀賞的信眾人山人海，展示了濃濃的節日氣氛。

第十節　那曲酬神節

　　那曲酬神節，通常為每年藏曆新年的前三天舉行，節日三天。節日期間，那曲地區索縣贊丹寺要舉行由八十名僧人參加的酬神大會，為眾生祈福。而這一節日最具特色當屬酬神大舞的表演，酬神大舞表演與酬神節一樣，也是為期三天，每天舞蹈內容及程序基本相同。

　　酬神節日通常從淩晨開始，首先，贊丹寺的全體喇嘛會集中在寺院的主經堂進行集體念經，直至早飯時。之後，全寺喇嘛會沿山路而下進入酬神大舞的表演場地。活佛與高級喇嘛紛紛在場地帳篷中事先準備好的座位上面南而坐。舞臺上，十位執鼓擊鈸的喇嘛庹地而坐，十面大鼓一字排開豎在他們面前，其中有兩位年老喇嘛端坐在盤坐在顯要位置，作為鼓跋作指揮，並至始自終唱頌經文。

　　舞蹈開始，首先有兩個戴著裸露著牙齒面具的白衣少年出場，他倆雙手揮舞花棒，作驅趕狀動作驅趕著圍觀者，為舞蹈演出進行造勢。之後，舞蹈正式開始，一般以活佛舞作為開場，通常是一位不戴面具眉目清秀的青年僧人扮演。該僧人面無表情的在場地上緩慢著舞

蹈前行,做視察狀,並在場地中央畫一個三角符號,預示眾神將在此地降臨,之後退場。接下來在堅定硬朗的「咚嚓」鼓鈸聲中,頭戴模擬船頭面具,上有兩枝樹杈形鹿角,被認為具有降魔鎮妖的「鹿神」上場,作與妖魔搏鬥舞蹈的表演,以此展示天神初臨人間的情形。

接下來是舞蹈正劇的開場。在鑲金長號嗚嗚作響與唱誦經文的聲音的映襯下,頭戴喜眉笑眼面具的壽星老人,顫顫巍巍出場,幾位童子圍繞其周圍,並向老壽星頭、臉上撒青稞逗樂,壽星遲鈍的左躲右閃,引來圍觀觀眾陣陣哄笑。以此象徵天神降臨人間後眾生歡樂的情形。

下來是十四位大神同時出場,象徵天神紛紛降臨。他們都身穿五色繽紛的彩緞服飾,長及地面的前襟後襟繡著猙獰的護法神臉譜圖案。頭上或戴飾骷髏的面具,或戴飾牛頭馬面的面具,或戴飾青面獠牙的面具。眾神舞蹈動作緩慢,動作誇張,以此來展現神靈的莊重嚴厲,以使圍觀信眾可以據此體會神的功德和圓滿。

之後是四位身穿紅白條紋服裝,手指腳趾套有鐵爪的骷髏舞蹈表演,這一表演被稱為「天葬主人舞」。這一舞輕鬆,詼諧,歡快,是酬神舞中情緒最歡快的部分,最受觀眾們歡迎。其後又是不同面具的眾神舞表

演，氣氛又回到了這之前沉重、緩慢的格調，如此反復，直至夜幕的降臨，一天演出才算結束。

酬神節的酬神大舞，形式性極強，結構與情節全部儀式化，節奏極其緩慢，表演者我行我素，沒有一句臺詞和唱詞，極少與觀眾情感進行交流。除貫穿於演出上下場時身著紫袍黑面印度人的插科打諢，輕鬆幽默外，總體上氣氛沉悶，宗教神秘氣息過濃，這應於舞蹈自身追求的陰間神秘、猙獰氛圍有關，這也可認為是那曲酬神大舞的最大特色。

那曲酬神節的主要活動是以贊丹寺喇嘛跳酬神舞為主要內容的，當然在這期間，整個那曲地區鄉鄰都會前來參加這一活動，人們的祈禱拜佛，強化了信眾的精神信仰，而人們的集會，理所當然的為物資的交流提供了重要平臺。

第十一節　其它藏傳佛教佛事活動節日

時輪金剛節

這一節日在藏曆的三月十五日。關於時輪金剛法節的來源有二說：其一是為了紀念藏曆第一個饒迴的第

一天而創設的（火兔年──西元1027年3月15日）；其二說是藏傳佛教的各寺院為紀念釋加牟尼成佛後，於農曆三月十五日講授時輪金剛本源之日的傳統宗教活動。在時輪金剛節期間，各大寺院以時輪學院為主，從三月初著手作彩士供（法會的一種供法，有特定的儀規，主要供財物和糌粑等水果類的食物。），修時輪金剛曼荼羅。最後一天，時輪學院選出高僧十余人，身著法衣，手執法鈴，冠五蓮帽（五佛冠），舞蹈誦經，以示紀念。

阿里托林寺內毀壞的佛塔和佛像遺址，1076年，古格孜德王為紀念阿底峽尊者22周年，特意集衛、藏、康三地大德在托林寺舉辦了「龍年大法會」，該法會掀起了後弘期佛法的復燃。

燒香節

　　這一節日在藏曆的六月十九日。傳說這一天是觀音菩薩的生日，為了解救受苦受難中的眾生，觀音菩薩征得如來佛大師的同意，在天下設立99999個點，她自己分身99999個靈魂，在生日的那天分赴99999個點，以解救人們失落的靈魂，傾聽民間的訴求，收集世間的資訊，將人們從受苦受難中解救出來。因此，到了每年的六月十九日這天，人們冒著酷暑，頂著烈日，來到預先

山南市乃東區一路口信眾煨桑，濃濃的黑煙升起的情形，象徵了天人的溝通，其中也體現出了藏族傳統信仰在藏傳佛教中的融合。

設好的地點,燒香供佛,在觀音面前許個願,希望來年平安,生活安康吉祥。

驅鬼節

驅鬼藏語稱之為「古突」、「郭多」,因此又叫「古突」節、「郭多」節。它在每年藏曆十二月二十九日舉行。這一天,在藏區的布達拉宮及各地寺廟要舉行盛大的跳神會,同時,家家戶戶要進行大掃除,清除一年來的垃圾污穢,並將房屋佈置一新,以求風調雨順,人壽年豐。初夜時,每家每戶手持火把、呼叫著驅鬼,並在大門外把剩下的面疙瘩粥倒掉施食,以求鬼怪快走。

曬佛節

一般在藏曆二月初、四月中旬或六月中旬舉行,具體日期藏區各地不盡相同。它是整個藏區人民的傳統宗教節日,屆時,各地寺廟將寺內珍藏的著稱巨幅布畫和錦緞織繡佛像取出,或展示於寺廟附近曬佛台、或山坡、或巨岩的石壁之上。這些巨幅布畫和錦緞織繡佛像做工精緻、色澤鮮豔,藝術價值很高。

前去觀看曬佛的人群。圖為甘丹寺曬佛節時人們前往觀看曬佛的情景。

　　這一節日以布達拉宮的曬佛節規模最大。每年藏曆四月月中旬舉行，這天長約三十餘丈的五色錦緞堆繡成的巨幅佛像，由幾十個身強力壯的喇嘛從寺廟藏寶室中取出，懸掛於第五層樓的樓壁南面，每年懸掛一幅或數幅，佛像多為釋迦佛、三世佛等。在太陽光的照射和布達拉宮金頂的陪襯下，彩色佛像相映生輝。身著紫紅色袈裟的喇嘛，口念佛經，在佛像前頂禮膜拜。無數男女信徒，整裝敬禮，觀瞻佛容，場面宏偉壯觀。

隆務寺的曬佛。圖為青海黃南隆務寺曬佛僧俗同慶的情景，遠遠望去，甚為壯觀。

　　藏傳佛教其它寺院也在各自時間有著自已的曬佛節。札什倫布寺的曬佛節，於每年藏曆四月十五日舉行。塔爾寺的曬佛節，於正月十五日於山前展曬獅子吼佛、釋迦佛、宗喀巴和金剛薩睡佛像。甘肅省夏河縣拉卜楞寺的曬佛節於正月十三日。小寺院的曬佛規模較小，一般在寺內舉行，如四川省理塘寺每年正月十五在寺內舉行，佛像3米左右。曬佛與酥油花燈會同時進行，前往參觀者成千上萬，十分熱鬧。

桑耶寺經藏供養節

在藏語裡稱「朵得卻巴」,「朵得」意為經、契經、經藏,「卻巴」意為供養,這一宗教法會節日傳說是由吐蕃時期的牟尼贊普創立的。每年藏曆五月十五西藏山南桑耶寺舉行,是桑耶寺的大供之一。在經藏供養期間,寺院裡舉行「羌姆」表演和各種宗教活動。現在一年一度的「朵得卻巴」已成為當地最重要的宗教傳統節日。

桑耶寺的烏孜大殿。桑耶寺又名存想寺、無邊寺,位於西藏山南地區的札囊縣桑耶鎮境內,雅魯藏布江北岸的哈布山下。它始建於西元8世紀吐蕃王朝時期,是西藏第一座剃度僧人出家的寺院。寺內建築按佛教的宇宙觀進行佈局,中心佛殿兼具藏族、漢族、印度三種風格,因此桑耶寺也被稱作三樣寺。仔細查看,桑耶寺三層建築中的印漢藏三種風格一覽無遺。

> ### 牟尼贊普
>
> 　　牟尼贊普為吐蕃第三十八代贊普（797年－798年在位），赤松德贊之子。相傳他是一位富有理想色彩的年輕君主，他執政期間看到貧富不均，曾幾次下令均貧富。有一次他問一位僧人：「這種現象有辦法解決嗎？」僧人說：「尊敬的贊普，上供佛主，下佈施眾生。」於是他到寺院敬獻了《四阿含經》、《律本事》、《俱舍論》3部經，並向佛像供很多供品，同時還向廣大百姓做了佈施，從此就有了供養傳統，並逐漸形成了著名的桑耶寺經藏供養法會。時至今日，已有1200多年的歷史。

朝山節

　　藏語稱「丹伊得欽」，每年的藏曆六月四日舉行。這一節日據說是為紀念釋迦牟尼第一次口授「四大真經」而發展成的宗教節日。藏傳佛教徒如果在這天能夠繞山一周，並且燒香，獻供品，掛經幡，家庭會富裕，老人會長壽，小孩會變得聰明能幹。因此，節日當天，人們多會穿著新衣，帶著食品，圍繞著家鄉附近的神山轉一圈，並一路上要遵守祖先「兩要三不能」的經法規矩，即要一心信仰「卓瑪」，要善良助人；不能歎息、罵人、摘花。到了山頂，在供品台前上香，插經幡，或

吉隆帕巴寺大殿外的轉經道。帕巴寺大殿整體形狀為一樓閣式石木結構建築，具有濃郁的尼泊爾風格，寺外牆壁和門廊南壁分別繪有三世佛、大成就者、護法神、觀音像等早期壁畫，具有較高的歷史與藝術價值。

扎實倫布寺外的轉經道。

上供物,之後在野外盡情餐飲、歌舞,直到日落才返回家裡。

薩嘎達瓦節

「薩嘎達瓦」,藏語意為氐宿(氐宿是藏曆星象28星宿之一),因藏曆四月氐宿出現,故這一月份又名氐宿月,即「薩嘎達瓦」。相傳佛主釋迦牟尼降生、成道、圓寂都是在4月15日,因此這個月主要舉行各種活動加以紀念。久而久之,這一節日演化為以轉經為主要內容的規模盛大集會。薩嘎達瓦節的轉經以拉薩的「林廓」轉經最為著名。

所謂轉經,就是按一定的線路作環形行走,是進行祈禱的一種形式。全拉薩的轉經線路有三條,一條是囊廓,在大昭寺中環繞主殿覺康一周,全程立滿法輪,長約500米,是內環線,藏語「囊廓」意即內環;第二條是八角街,環繞大昭寺一周,全長約1000米,是中環線,藏語「八廓」即為中環的意思;繞拉薩老城區一周,全長約5000米,是外環線,藏語「林廓」即外環的意思。在囊廓和八角街轉經的人流每天都不斷,林廓路則是人們在重要日子轉經的路線。薩嘎達瓦節,林廓轉經最為壯觀,從薩嘎達瓦的第一天開始,林廓上就出

拉薩八廓街。八廓街是由八廓東街、八廓西街、八廓南街和八廓北街組成多邊形街道環，周長約1000餘米，街內岔道較多，有街巷35個。它原只是單一圍繞大昭寺的轉經道，藏族人稱為「聖路」。圖為在拉薩八廓街上瑪吉阿米附近的景象。

現了成群結隊的轉經人流，到藏曆十五這天，轉經達到高峰，從淩晨2點直到晚上，人流如潮，川湧不息。

　　由這一節日衍生出的很多藏地民俗禁忌，對藏族人民的生活產生的深遠影響。如禁吃驢、馬、狗及魚肉；喝酥油茶時，主人倒茶，客人要待主人雙手捧到面前時，才能接過來喝；忌在別人背後吐唾沫，拍手掌；經筒、經輪不得逆轉；忌諱別人用手觸摸頭頂；進寺廟時，忌諱吸煙、摸佛像、翻經書、敲鐘鼓。對於喇嘛隨身佩帶的護身符、念珠等宗教器物，更不得動手撫摸。

「白拉姆」節

也稱為「仙女節」、「婦女節」,每年在藏曆十月十五日舉行。相傳藏傳佛教最高護法神之一班丹拉姆的女兒白拉姆,曾與大昭寺護法神赤尊贊相互愛慕,並私訂終身。班丹拉姆發現後,把赤尊贊趕到拉薩河南岸,規定只有每年的藏曆十月十五日,白拉姆和赤尊贊才可以隔河相見。藏族婦女非常同情白拉姆女神,因此每年藏曆十月十五日,婦女們就會穿著盛裝來到寺內燒香、磕頭,朝拜白拉姆女神,也祈求自己愛情一帆風順。同時,這一天年輕藏族姑娘還有向男性討錢的習俗,當然能否要到錢都無所謂,儀式感帶來的快樂要遠多於錢要到手的快樂。

總之,豐富的宗教節日,形式雖各不相同,但人們期望幸福平安,渴望美好生活的目的是一樣的,它們都是藏傳佛教佛事活動地方化、密宗化、民眾化、民俗化的外在表現,也是藏傳佛教佛事活動的外延。

第四章
藏傳佛教佛事活動的價值

藏傳佛教通過以佛教儀式為內容，以佛教節日為表現的佛事活動內涵的構建，將佛教的高深教理教義轉化為了一種生動形象的佛教文化展現在了藏民族面前。以此形成的佛教與藏族民眾之間來往的紐帶，人與佛溝

雪域高原的人、寺、山。圖為青海海南州一地藏傳佛教寺廟、僧人和雪山互應的情景。在青藏高原隨處可見這樣的景色。（才項仁增攝）。

通的橋樑，對佛教最終扎根於雪域高原，實現印度佛教的藏傳佛教化轉型，以及藏族人民佛教化的人格特性都產生了重要的影響。也使我們真切感受、觸摸到了藏傳佛教佛事活動的精髓，認識到了它的現實價值。具體來說，我們認為其價值主要體現在以下三個方面。

一、強化藏傳佛教信仰

佛教作為世界性的三大宗教之一，它的主要特點就在於它自身的普世信仰性。佛教認為只有佛、法、僧三寶具足的佛教才能被認為是如法的佛教，因此，在佛教自身的傳播過程中，吸引更多當地信眾加入成為佛教能否立足的重要因素。在這種客觀條件要求下，佛教自印度進入藏地之初，就以它隨緣說法的靈活性，主動的來適應雪域高原的社會環境。由此，來藏傳法的佛教大師主動的對佛教形式和內容進行了諸多變化和創新，有意識的吸引、指導藏地民眾的信仰，並在之後又以這種變化和創新強化了藏地民眾的佛教信仰。如在靜命法師初到藏地講授佛教五戒十善受到藏地原始宗教的排斥後，靜命法師請了精通密法的蓮花生大師，蓮花生大師根據藏地原有宗教本教萬物有靈信仰在人們心中已有對神認識的實際情況，在來藏地的路上，通過舞蹈、儀式等行

為將藏族中原有的地方神靈，乃至藏地的山、湖等都主動的納入到了佛教的神靈體系之中。同時，又通過祭祀內容及形式的改變，使藏地以前破壞生產的動物實物祭祀轉化為宣傳佛教慈悲思想的形式祭祀，這些都為佛教能夠在藏地初步扎根打下了堅實的基礎。藏傳佛教後弘期時的各個教派為了發展自己的實力而進行了各類法會，在寺院裡舉行的各種儀式，也在宣傳自派思想、抬升自派經濟實力的同時，普及了佛教信仰，這都為實現藏地全民族對佛教信仰提供了條件和可能。

大昭寺前信眾在磕長頭期間修行的場景，幸福與安詳。

二、淨化信眾心靈

藏傳佛教通過一系列的佛教儀式把高深的佛教道理以人們喜聞樂見的形式給表現了出來，並通過佛教節日將佛佛教的神秘與高原人們的生活結合起來，使藏族民眾時刻感受到宗教神秘力量的存在。而由此產生的對個人行為的約束力，對佛教神聖性的敬畏心，在耳融目染中得到了心靈的淨化，潛移默化的影響了藏族民眾的日常生活，使之成為了藏族人們身上特有的烙印。這種

藏民的日常。一杯酥油茶，一團糌粑，就構成了藏民生活的一頓飯，雖很簡單，但很滿足。

影響突出的表現就是在藏民族心中形成的輕當下、重來世；輕物欲、重精神；輕索取、重施予的民族品格，以及由此凸顯出了一種豁達與世無爭，重視精神家園構建的樂觀人生態度。同時，由於藏區人民對佛教所保有的這種崇敬心，使得藏地民眾在佛教儀式和佛教節日中更加積極的投入到這種對佛教崇拜中，由此形成的人佛互動，人為的拉近了人神之間的距離，相應的也促進了對佛教的信仰。

三、促進藏區文化的發展

藏傳佛教佛事活動在淨化人們心靈，塑造了藏民族精神性格的同時，也在有意無意的促進了藏區各項文化的發展和提高。這主要體現在：

（一）、佛教儀式豐富了藏地文化的內涵。由蓮花生帶來的金剛舞開創了藏地舞蹈的先河；桑耶寺漢印僧人的辯經構建了後來的藏地思辨性的學習風氣；酥油花的雕刻實現了藏族雕刻技藝的長足進步；各種佛教儀軌影響下形成的藏民族各種日常行為規範等等，每一部分都為藏族的文化生活增添情趣，增加了內容，更為藏民族的藝術想象力添上了翅膀，也由此成為中華民族寶貴文化的重要組成部分。

早上在強巴林寺外轉經和經商的民眾。

（二）、佛教節日豐富了藏地文化的表現。通過不同儀式為內容的佛教節日的舉行，為古時交通不便，人煙稀少的藏區人們提供了相互交流學習的機會。不同地方的人們因為節日、法會而相互聚在一起，由此成為一次物資集散的盛會，一次文化交流的盛會，也是相互間取長補短共同發展的盛會。因此，通過節日，藏區人民相互之間走訪交流，豐富了高原人民的精神物質文化生活，同時也促進了生產力的發展。這成為藏區人民相互聯繫的紐帶，藏民族生活的重要組成部分，也成為藏民族區別於中國其它少數民族的重要表現。

坐在昌珠寺門口賣東西的小商販。

　　因此，藏傳佛教的佛事活動對於藏民族從個人到整個社會都產生了重要的影響。它既是藏民族的一種生活方式，也是實現「靈性溝通」的重要管道。這在非物質文化遺產日益受到各國各族人民重視的今天，顯得彌足珍貴，很值得我們學習重識。

```
國家圖書館出版品預行編目

靈性的溝通：藏傳佛教佛事活動 / 何杰峰著.
 -- 臺北市：獵海人, 2025.04
    面；  公分
  ISBN 978-626-7588-22-2(平裝)

 1.CST: 藏傳佛教 2.CST: 佛教儀注

 226.964                      114003380
```

靈性的溝通
──藏傳佛教佛事活動

作　　者／何杰峰
出版策劃／獵海人
製作銷售／秀威資訊科技股份有限公司
　　　　　114 台北市內湖區瑞光路76巷69號2樓
　　　　　電話：+886-2-2796-3638
　　　　　傳真：+886-2-2796-1377
網路訂購／秀威書店：https://store.showwe.tw
　　　　　博客來網路書店：https://www.books.com.tw
　　　　　三民網路書店：https://www.m.sanmin.com.tw
　　　　　讀冊生活：https://www.taaze.tw

出版日期／2025年4月
定　　價／380元

版權所有・翻印必究　All Rights Reserved
Printed in Taiwan